LE MÉTIER DE CONSEILLER(ÈRE)
EN ÉCONOMIE SOCIALE FAMILIALE

困窮者に伴走する
家庭経済ソーシャルワーク

フランス「社会・家庭経済アドバイザー」の理念と実務

フランソワ・アバレア
フローランス・ブリュネ
ポリーヌ・ケルチュド
著

佐藤順子
監訳

小野あけみ
訳

明石書店

刊行に寄せて

　このたび、生活困窮者支援に関する調査研究の第一人者である佐藤順子先生が、フランスの社会・家庭経済アドバイザー（CESF）についての、おそらくわが国で初めての詳細な解説書を出版されたことは、大変意義深いことであり、社会福祉関係者のみならず社会学、社会政策学、経済学等の各分野の研究者にとっても大きな貢献であると思う。

　佐藤先生とは、私が2004年に立ち上げた多重債務者問題研究会の、ある時の例会に参加された頃からのお付き合いなのだが、穏やかな口調の中に、社会福祉の現場での長い経験を積まれての確かな発言には、いつも魅かれるものがあった。

　私自身は経済学をバックグラウンドとしつつも、消費社会、消費者問題への強い関心から、1990年代後半より当時深刻な社会問題であったサラ金問題を、法的解決のみによらず、債務者の生活再建を中核とする研究手法を関係者と模索していた。

　この間には、消費者破産と家計再建をテーマに米国留学の機会も得て、97年には『クレジットカウンセリング——多重債務者の生活再建と消費者教育』（東洋経済出版社）を上梓した。その拙著には、CESFの活動を中核に据えフランスの多重債務問題について、石黒由美子氏（放送大学）が寄稿してくださった。このとき、問題の解決に向けた手法の国による差異を改めて痛感した。

　「債務の返済で家計が回らなくなり、自暴自棄になりがちな多重債務者の破綻した暮らしをどのように再建していくかは、単に家計状況を正

確に把握して、債務返済計画を作るだけでは何の解決にもならない」と、当時、自己破産が年間百万件という破産大国米国における、債務整理を専門とするビジネス（クレジットカウンセリングサービス）に最大の関心を寄せていた私には、フランスにおける CESF の存在は目から鱗であった。

　さて本書では、第1章で CESF がフランスでは家庭科教員がその出自であったことが示されている。本文の中で CESF の業務が、家事関連の活動という家庭科教育の名残を感じさせる事実があると述べられているが、日本において家庭科が地に着いた普通科目として存在を続けているにもかかわらず、フランスでは教科としての家庭科が廃止された経緯には、教員養成課程で教鞭をとっていた者として強い関心を持たざるを得ない。

　1960年代までは教育課程に位置付けられていた家庭科教育は、女子が生活全般を管理する技術的知識やスキルを習得するものとして一定の役割を演じてきたが、国民の教育レベルが向上したことや、経済社会の発達により、「『家庭内でいかに物を作り、生活を維持するのか』から、『どのように物を買い、どのように消費するのか』に変わってきた」（本文51ページ）ことによって、家庭科の教育科目としての拠り所が大きく変化の波にさらされたことが記されている。米国においても70年代後半より、大学の学科の名称が Home Economics から Family and Consumer Science に次第に名称変更するが、時期がほぼ重なるところは興味深い。

　わが国では明治期の女子教育としての「家事」「裁縫」に始まり、戦後は占領下の米国の職業科目としての位置付け同様に、技能教科として「家庭科」がスタートする。中学校での技術・家庭科という日本独自の科目編成は、女子教育としての家庭科の名残が現在もなお続いているし、高校においては1989年の学習指導要領の改訂に依るまで、女子のみの履修であったことを想起する必要もあろう。もちろん女子差別撤廃条約への1985年の批准によって、ようやく男女共修家庭科が実現したので

ある。

　しかし、一方で履修の単位数は2単位（週2の授業時間）のみの学校がほとんどで、食・衣・住生活、保育、家族、消費・環境等幅広い学びにはあまりにも時間不足で、時として家庭科の存亡が話題に上ることさえある。

　そうした中で、今日新設が予定されている「子ども庁」の名称が、結局「子ども家庭庁」になるなど、家庭こそがすべての基本として、かつての家族観を押し付ける時代錯誤の思想もこの国の指導層には強く残り、家庭科の教科としての存亡を揺るがしかねない面もないではない。

　家庭科教育に拘泥し過ぎた感が否めないが、CESFに発展してケースワーカーとしての地位を獲得した家庭科教員の活躍は、さらなる研修やトレーニングを通じ、今日においては、まさに適所を得てその専門性を存分に発揮できているのではないかとも思う。

　私が2011年頃にフランス調査で佐藤先生に同行した折には、CESFの方々のミーティングの様子を垣間見ることができた。アシスタン・ソシアルと手を組んで10年以上も多重債務問題を扱ってきた方、養成校の教師としても活躍している方、家計予算を得意分野にしている方など、それぞれ私たちのために、自身のバックグラウンドを自己紹介してくださり楽しく懇談できたことを懐かしくも思い出している。

　それ以前にも、多重債務問題の実態をヒアリング調査したことがあったが、最初に何よりも驚いたことは、フランスには生活困窮者や債務超過者の問題解決のために、過重債務調整委員会の設置が法定されていることや、その委員会の土俵に載せてもらうために、通称ブルーファイルと呼ばれる、自身の債務状況や資産状況などを記入して申請するファイルが、国立フランス銀行の各支店の窓口に積みあがっていることであった。興味深いので私自身も持ち帰った。

　日本では弁護士に依頼して任意整理してもらうにも、自己破産するにも、それなりに費用がかかるが、公的中立的機関である無料の過重債務調整委員会が返済プランを作成するしくみがあることに、人権尊重の国、

フランスの徹底した福祉政策を垣間見た思いがした。

　現地ヒアリングでは、過重債務調整委員会には、県知事をはじめ国立フランス銀行支店代表、貸付機関の代表らに加えて CESF の代表も参加していると聞いた。立ち寄ったバスティーユ支店での一人当たりの平均債務額は、35,000 ユーロほどだったと思う。家族構成や就業状況、資産状況などを斟酌して和解案を作り上げていく。

　CESF がこのブルーファイルの書き方を指導することもあるとのことだった。ある CESF は、家庭に出向いて栄養のある食事のレシピを紹介したり、冷蔵庫内の古いものを処分するなどすることもあると話してくれた。現在は家族手当金庫（CAF）が関わることはなくなったようだが、CAF において CESF が料理教室を開いて、そののちに家計管理のノウハウをやさしく教える講習を開くなど、様々な工夫をして生活の立て直しを支援する様子も伝わってきた。

　なぜにここまで、個人の生活をサポートするのかとも考えたのだが、多重債務問題に限って言えば、日本ではそれは消費者問題として扱われるが、フランスでは福祉問題として捉えているところに差異を認めることができる。わが国では借金問題は個人の問題として、基本的には社会的支援の仕組みはない。しかし、その借金が商品の購入に伴うクレジットや、債務超過のきっかけがいわゆる悪質商法に騙されて多額の借金をしてしまったような場合には、自治体の消費生活センターが相談対応してくれる。しかし実際の解決となると、債務の整理等は弁護士ら専門家に委ねられ、費用を支払ってトラブルを解消する以外に道はない。しかも、法律家はその後のケアをしてくれるわけではなく、借金依存の生活改善や就労支援などの面倒をみてくれるものでもない。

　本書第 3 章で詳述されているとおり、CESF の業務は多岐にわたる。生活困窮者などに家計管理から食生活管理、健康管理にいたるまで個別的に教育支援を行っている。ソーシャルワーカーであると同時にエデュケーターとしての性格を併せ持つ（本文 126 ページ）。また、同時に、クライアントの生活に入り込んで対応していく伴走者としては、当然なが

ら日本でいうカウンセラー的性格も持つ。それらは、歴史的にも家庭科教員から発展したという職業的な継承の産物でもあるのだろう。

　前述した私的研究会である多重債務者問題研究会では、生活支援アドバイザーなる新たな職能開発の必要を提言し、金融庁や金融機関はじめ関係各所に送付したことがある。そのモデルはまさにCESFである。多重債務者が、ひとりの個人として自尊心や自信を回復し、自力で生活再建ができるよう、カウンセリングマインドを持って伴走する人材の育成である。その資格取得には消費者法、心理学、社会福祉、家計管理、家族関係、職業訓練等に関する基礎知識を必要とするとし、消費生活相談員やファイナンシャルプランナー、社会福祉士、家庭科教諭などにおいては免除科目を設けるなどの提案をしたのである。

　フランスという国は、歴史的にみても自由、平等、友愛の三色旗に代表される国の理念が、政策に反映していると言ってもよいのかも知れない。そう考えていくと、CESFという存在は、フランスの独自性が生んだ、他に類を見ない生活改善の総合的なアドバイザーであり、個人が社会の中で自律して生きていくためのサポートをする価値ある職業人なのである。

　京都人の雅な佇まいに秘めた社会問題と闘う鋭い眼差しには、政策と正面から向き合う研究者としての凄みさえ感じつつも常々感服している次第である。本書の刊行を心からお祝い申し上げたい。

西村　隆男（横浜国立大学名誉教授）

監訳者まえがき

　本書は、François Aballéa, Florence Brunet, Pauline Kertudo の共著による *Le Métier de Conseiller(ère) en économie sociale familiale— professionnalité et enjeux*（La Découverte, 2011）の日本語訳である。

　Conseiller(ère) en économie sociale familiale（以下、CESF）は、直訳すると「社会・家庭経済アドバイザー」となる。

　しかし、本文第 1 章で CEFS が「ソーシャルワーク（travail social）の職種に属する」と明言されているように、また、CESF がソーシャルワーカー職の仲間入りすることを切望してきたように、conseillère を「アドバイザー」ではなく、「ソーシャルワーカー」と呼ぶ方が適切なのかも知れない。

　この CESF という職業は、フランスに独自のソーシャルワーカー職の 1 つであり、1973 年 5 月 9 日の省令および CESF 資格に関する省令（Diplôme de Conseiller en Économie sociale familiale）では、次のように規定されている。

　（第 1 条）
　「CESF はソーシャルワーカーであり、生活における課題の解決を支援するために、成人に対する教育と情報提供に協力する。その専門的な活動は、他のソーシャルワーカーとの協働による社会福祉活動の枠に組み込まれる。」

このように抽象的な概念で説明されているため、具体的な活動がイメージできにくいが、詳細については第3章の様々な職場で働くCESFへのインタビューを参照していただきたい。

　各章を概観すると以下のとおりである。

　序文では、家庭科教育の社会・家庭経済への転換や、それに伴うCESFの動態を分析することが目的とされている。なかでも、Conseiller（アドバイザー）・Économie（経済）・Sociale（社会）・Familiale（家庭あるいは家族）、というCESFを構成する4つの言葉が意味するものがひとつひとつ丁寧に分析され、職業の成り立ちを理解する一助となっている。

　第1章の「家庭科教育」が「社会・家庭経済」へと転換していく歴史についての記述は、それまでの「家庭科教育」が社会や経済の変化にそぐわなくなるほどのフランス社会の大きな変化と、それに触発されて誕生したCESFという新しい職業が誕生する経緯が述べられている。

　さらには、家計管理、多重債務問題、銀行口座およびローン問題、失業および職業復帰の問題などの現象が顕在化してきた状況のもとでのCESFの対応についての記述は、まさにCESFという職業の持つダイナミズムを感じさせるものである。

　特に2008年のリーマンショック以降、生活困窮者の増加、若年層の失業問題や「ワーキングプア」層の拡大に対して、フランスでは新たな社会保障・社会福祉政策が次々と矢継ぎ早に打ち出されていく。本書はフランスの社会保障・社会福祉政策について紹介することを目的とはしていないが、CESFの仕事のあり方の変化がそれを物語っている。

　原著者らは、CESFが適応してきた社会を「福祉国家の危機、雇用機関の論理が職の論理をしのぐ傾向、雇用市場の変化、予算の縮減、職場の効率と査定考課、公的機関の管理運営定款による制約、公共政策全般の見直し、新規の官民事業者との競合などの問題が露呈してきた社会」（本文74ページ）であるとしている。

　このような社会において、現場でクライアントと向き合う CESF の果たす役割は大きいという事実が改めて心に刻まれる。

　第2章では CESF の就職と職場について考察されている。生活困窮者の増加に伴って、経済的支援である手当などの給付だけでなく、様々なタイプの支援が求められるようになった。例えば、フードバンクの一形態であるエピスリー・ソシアルなどによる食料支援、光熱費支払い支援や住居連帯基金の活用などがこれにあたる。

　原著者らは、CESF のよって立つところであったはずの「家庭経済」という概念もまた、対象が不明瞭になってきたとしている。つまり、家族の形態が多様化してきたことから、従来の「家計」管理における基準や規範は、必ずしも有効とは言えなくなっている。つまり、「家族の家計」なのか「家族を構成する個々人の家計」なのか、CESF の介入領域も明確ではなく、それゆえ、支援は困難さを増していく。

　また、福祉事業を実施する主体が国から県議会や市町村などの地方公共団体に移ったことによって、社会的支援介入機関にも再編が迫られていく。それまでは、家族手当全国金庫や農業共済金庫などの「伝統的な福祉団体」においてソーシャルワーカーとして雇用されていた CESF にとって、もはや安定した職場を確保することは難しくなっていったという。

　そして、CESF は新たな「社会的支援介入職」とも競合を強いられることとなる。若年者雇用優遇政策以来、フランスでは「医療サービス仲介者」、「在宅アシスタント」や「マルチサービス伴走者」などの名称で呼ばれる「ソーシャルワーカーのようなもの」が乱立してきた。

　さらには、「福祉事業の市場化・準市場化」が進行していくにつれ、福祉事業は「入札」を介した契約が締結されるようになり、それと同時に、民間福祉事業者は「公的措置の業務を実行するサービス業者」としての役割を担うようになる。

　この現象は日本においても顕著であり、NPO などの団体が行政の福祉事業を短期間のみ委託されることが常態化している。

また、CESF を雇用する側の変化についても述べられている。前述したとおり、家族手当全国金庫や農業共済金庫による雇用はフランス政府の方針転換によって激減したが、その一方で、エピスリー・ソシアルやマイクロクレジットなどの社会的伴走団体への就職と県議会や市町村など公的機関による雇用が増加した。

　なかでも、成年後見制度に関する業務において、CESF は自らの強みである「家計管理支援」というツールを活用できる場となっている。また、環境教育においても CESF の知識や技能が活かされていることは興味深い。環境への影響を考慮し、同時に、日常生活において高騰する水光熱費をどのように管理するかについての実用的な知識と技術は誰もが必要としているところである。

　第3章では CESF の職業慣習と価値観について述べられている。特に、様々な職場で働く CESF の活動がインタビュー形式で記述されることによって、CESF の具体的で生き生きとした姿が目に浮かぶ。

　一方で、CESF はソーシャルワークの「ジェネラリスト」か「スペシャリスト」なのかというはざまでの悩みも抱えているようである。「伝統的なソーシャルワーカー」であるアシスタン・ソシアルは、「教育的な行動よりも困窮者支援と経済的援助」を目指し、「時間をかけた行動よりも急場の問題処理」を優先して「直接的なフォローアップよりも事務的タスク」を中心に行うのに対し、CESF は「中長期にわたる介入を通して行動が取れ」、「定期的なフォローアップを期して、クライアント・家族に直接的な介入」を行う（本文143ページ）。このような介入の方法の違いがアシスタン・ソシアルと CESF がお互いの役割を補完し、協働を可能にしているようである。

　家庭科教員を出自とする CESF が、ソーシャルワーカーとして社会から認知されてくるにつれ、他職種のソーシャルワーカーとの「同一視」と「差異化」が問題として浮上していく。ソーシャルワーカーへの帰属を要求しながらも、同時に、他職種のソーシャルワーカーとの差別化を望む CESF の姿勢は、職業のアイデンティティを模索する姿だと

言えるだろう。

　第４章では、CESF の専門性と知識の変化に関する分析と CESF の養成課程についての問題提起が行われている。この章は、第１章から第３章の振り返りという位置付けでもあり、既読感を持ちながら読み進めることになるだろう。

　そこでは、CESF の職業が多様化するにつれて、「備えているべき能力とは何か」について詳細に検討されている。特に、雇用主へのインタビューによって、CESF の長所と短所を明らかにする試みは斬新なものに感じる。日本でも、近年、社会福祉士国家資格者が自治体や社会福祉協議会などの社会福祉職に採用される傾向が加速している。しかし、少なくとも監訳者が管見した限りでは、日本において「雇用主がソーシャルワーカー国家資格者を雇用することのメリットとデメリットをどのように考えているか」は明らかではない。

　さらに、CESF および BTS（Brevet de Technicien Supérieur〔社会・家庭経済分野の上級技術者免状〕）の養成課程の抱える問題が挙げられている。

　特に、CESF の養成課程の抱える課題――講義の多さと実習時間の少なさ、そして、授業内容が現場で役に立っているかどうかなど――について、養成校教員へのインタビューで明らかにしようとしている。

　CESF と BTS については、詳しくは補論を参照していただきたいが、いずれも社会・家庭経済分野の国家資格であり、これらの２つの資格はいわば複合型の養成課程をなしている。BTS は２年間の養成課程を経て国家資格取得試験に臨むのに対して、CESF は BTS 資格取得後、さらに１年間の養成課程を経て CESF の国家資格取得試験に臨むことになる。この養成課程最後の１年間で、国家試験の準備・実習・卒業研究を課せられるというカリキュラムについては、教員も是としていないようである。

　また、本書では、しばしば第３等級の資格のソーシャルワーカーという表現が出てくる。日本ではソーシャルワーカーに等級を付与するとい

う発想はないため、理解しづらい。これは、養成年限によってソーシャルワーカーの等級が決まり、その結果、フランス国内やEU圏内の大学へも転学できる仕組みを作ろうとするものである。すなわち、CESFに対して大学における研究への道を開くと同時に、EU圏内でのソーシャルワーク職の流動化が志向されているものと考えられる。

さらに、「雇用主としての組織や企業側の論理が優先され、職業の自律性やその正当性の認知がなおざりにされてしまっている」（本文188ページ）ことが指摘されている。これは、「福祉の市場化・準市場化」の進行する中で、ソーシャルワーカー職の自律性だけでなく、拠って立つところである職業倫理までが危うくなっていることに対して、原著者らが鳴らす警鐘ではないだろうか。

フランス独自のソーシャルワーカー国家資格であるCESFの成り立ちと変遷そして課題について書かれた本書が、日本の社会福祉制度・施策とそのアクターであるソーシャルワーカーについて考える際の一助となれば幸いである。

なお、本書は小野あけみ氏によって訳されたものであるが、原著には重複した表現が見受けられ、日本の社会福祉関係者が読みやすいことを意図して、監訳者が修正・加筆している。原著巻末の事例集は重複を避けるために割愛した。また、本著の各章中の小見出しと注記は、原著のものに必要に応じて監訳者が加えたものである。

末筆ながら、原著の翻訳を担当された翻訳者の小野あけみさん、原著を恵贈して下さったInstitut Régional du Travail Social Paris Île-de-France主任教官Mme. Dalila Mechaheb、原著の出版された2011年以降の動向について、二度にわたるインタビューに応じて下さったInstitut Régional du Travail Social Franche-Comté教育主任のMme. Agnès Fostel、「刊行によせて」の執筆を快く引き受けて下さった横浜国立大学名誉教授の西村隆男先生、最後に、本書の出版を後押しして下

さった明石書店の神野斉編集部長に心より感謝いたします。

　本書は、科研費 18K02178・基盤研究（C)「家計相談支援における
ソーシャルワークの役割」（研究代表者、佐藤順子）および 21H00796・
基盤研究（B)「日本に住む外国人に対する金融包摂の方策」（研究代表者、
小関隆志）および佛教大学個人研究費の成果である。

困窮者に伴走する

家庭経済ソーシャルワーク
──フランス「社会・家庭経済アドバイザー」の理念と実務

目　次

序 文

1．本書の意義

　社会・家庭経済アドバイザー（CESF：Conseiller(ère) en économie sociale familiale、以下 CESF）という職業は、ソーシャルワーク（travail social）の職種に属する。

　CESF は、県議会の福祉課や身体障害者受け入れ団体、宿泊施設、社会復帰支援機関、市町村福祉事業センター、社会福祉センターや低家賃住宅機構（HLM：Habitation à loyer modéré）などの職場で働いている。CESF がソーシャルワークの領域で介入することの正当性については、既に広く認められている。しかし、CESF の位置付けについては、これまで必ずしも明確にされてこなかった。そのため、ソーシャルワーカーに対して過去の慣習の見直しが迫られている中で、CESF という職業を成り立たせている要素を分析することは重要である。

　本書では、CESF の成り立ちの経緯やその歴史を出発点として、その発展、業務の実践方法、価値観および CESF に求められる専門性について検討を重ねていく。

　ソーシャルワーカーのカテゴリーの中で、CESF は最も人数が少なく知名度も低い。1998 年の時点で 7,000 人を数えた CESF の数はそれ以降、着々と増えてきている。 福祉事業担当総局の報告書によると、CESF の数[注1]は 2011 年には 1 万人余りに増えているが、他職種のソー

シャルワーカーの数と比較すると、児童専門エデュケーター（EJE：Éducateurs de jeunes enfants）[注2]の半数、アシスタン・ソシアル（AS：Assistant Sociale）[注3]の4分の1レベルに留まっている。

本書のねらい

このような現状の中、本書のねらいは次の2点にある。1点目は、他職種のソーシャルワーカーに比べて人数が少なく、これまで関心の対象となってこなかったCESFという職業について知識を深めることである。

2点目は、ソーシャルワーク、さらにいうと「社会的支援介入」という概念の中で、CESFに生じている再編および変化の要因、要素を詳らかにすることである。

その際に、最初に提起されるのはCESFの「形式」と「内容」という2つの側面に関する問題意識である。

つまり、CESFについて語る場合、現行では男性形が使用されているが、CESFの男女構成比をみると、女性が圧倒的多数を占めているため、少数の男性を無視するリスクを冒してでも、女性形を使う方が適切だと思われる。そのため、本書では女性形を用いることとする。本書を執筆する目的でインタビューしたCESFは全員女性であり、筆者らがヒアリングを行った女性たちについて、男性形で「彼ら」と表現することがはばかられるからである。[注4]

CESFという職業の変化

「内容」に関する問題については、CESFという職業がどのようにして成り立ってきたのか、CESFに一貫した定義とは何か、介入領域の境界線はどこで引かれるのか、言い換えれば、「家庭科教育」から「社会・家庭経済」がどのように生まれたのかについて考察する。

1970年代初頭にCESFという呼称が現れてから、まだ比較的年月が浅い。この呼称は、旧来の「家庭科教育の教員」に取って代わるものであり、呼び方が変わることによって、介入方法と対象領域の両方におい

て何らかの変化を来したと考えられる。

　過去から現在までを振り返った場合、時代を超えて共通する活動の普遍的要素は何であろうか。それは、どのような理由で、いかに進化するのだろうか。こうした疑問の先には新たな疑問が芽生える。

　例えば、建築家や医者のように、業務、養成課程、規則、業務遂行方法に一貫性や整合性、定義付けがある職業と同じ意味において、CESFの場合も「職業」と呼べるのだろうか。または、CESFの場合は「職業」という言葉を使わずに、職務、雇用、業務活動という言葉を使うのがより適切だと言えるのだろうか。

　「職業は移り変わるものではない」との反論もあるだろう。しかし、それでも職業は進化するものである。進化しなければ、いずれはその職業が対応すべきニーズへの適合不良を起こし、消滅する運命を辿ることになるだろう。

　職業の歴史を追っていくと、その職業の動態が２つの動きに影響されることに気づく。１つは、ニーズの変化に対応していくために、状況に適応しようとする動きである。もう１つは、職業従事者自体が変化しながら介入領域を拡げ続け、競合している他の職業に対抗し、しのごうとする動きである。

　このような職業についての考え方を整理したうえで、本書ではCESFを１つの職業として扱う。それによって、CESFという職業の介入の対象、価値観、知識やその正当化など様々な側面についても検討することが可能となるからである。

　ソーシャルワークの場合において、上述したように「職業」と呼称するのは、議論の余地があるとしているかも知れない。しかし、本書においては「職業」という言葉を使うことに一定の正当性があると考える。また、職業が定義できない場合には、その輪郭と境界について分析することが有用となるが、その場合は「プロフェッショナリティ」と呼ぶべきであろう。

　これらの概念について考察する前に、以下、本書が出版された経緯と

構成について述べたい。

本書が出版された経緯

　本書は 1999 年に初版が刊行された後、2003 年および 2006 年に版が重ねられた。1994 年、当時の社会福祉問題担当省福祉事業総局ならびに国民教育省からの要請により、1974 年に創設された CESF の養成課程および国家資格の改定の下準備として、調査が実施された。初版は、主にその調査結果に基づき執筆された。しかし、この改革は遅々として進まず、2002 年になってようやく日の目を見たが、それも部分的なものでしかなかった。

　この時点で改革の対象となったのは、社会・家庭経済の領域における上級技術者免状（BTS：Brevet de Technicien Supérieur、以下 BTS）^{〔注5〕}のみであり、CESF 国家資格に関する改革の実施は 2009 年を待たなければならなかった。その後、2009 年には BTS も同時に再度、改革の対象となった。

　第四版となる本書では、2009 年の改革が反映されてはいるが、その効果が現れるまでには今しばらく時間を要するだろう。本書はこの改革関連の内容を含めて全面的に改訂されている。また、教育養成機関、CESF、雇用主らと面談を行って得られた情報に基づき、さらにはソーシャルワーク専門誌に掲載された求人広告の分析も行っている。

　本書は、過去数年来、CESF の介入領域、CESF に一任される業務、CESF の雇用状況、職業のイメージなどにどのような変化が生じたのかについて明らかにすることを目指したものである。

　この調査研究を実施するに当たり、介入領域と介入領域内において展開される業務や具体的な業務において求められる専門性、専門性を増強するために必要な知識などの関連付けを行った。

　本書は、CESF という職業のイメージ、就職方法などや業務の具体的活動の分析に寄与することを究極の目的とするものである。

本書の構成

　第1章では、家庭科教育の社会・家庭経済への転換や、それに伴う CESF の動態を分析する。第2章では CESF の就職と職場について考察する。第3章では CESF の就職方法や職場の多様性を超えて、CESF 職業慣習と価値観について詳述する。第4章では専門性の変化について分析し、CESF の養成課程について問題提起を行う。

CESF に固有の専門性とは

　各章に入る前に、まず CESF の輪郭を構成する要素を挙げ、CESF の職業に固有の専門性に対する社会的認知という側面について考察してみたい。

　どんな職業であっても、それを構成する要素は次の5つにまとめられる。①対象の範囲、②知識体系および専門性体系の構築、③価値および規範体系の存在、④知識体系と価値体系を正当化する戦略、⑤職業へアクセスする際の規制である。

　職業が社会的・制度的に認知されるためには、少なくとも、業務活動の対象、知識と専門性、価値体系と規範体系の存在が必要となる。

　実際に、1つの職業は、専門性が正当であることを社会に認めさせ、活動範囲を広げながら競合する他の職業をしのぎ、特定の領域において寡占的な地位を獲得した時に初めて発展する。このような成功例としては、身体および精神医療の領域における医師の例が挙げられる。

　そして、職業の動態を知るには、その職業がどの領域において介入の正当性を有し、また、どのような理由で認知されたのかについて、分析が必要となる。

2．Conseiller・Économie・Sociale・Familiale
——CESF を構成する4つの言葉が意味するもの

　職業の対象は、その名称自体によって定義付けられるが、CESF の場合はどうであろうか。CESF が介入する領域とその動態の原動力となる要素を理解する目的で、以下、CESF を構成する4つの言葉についての分析を試みる。

　職業の名称はその名称だけで職業の動態を生じさせるわけではない。特に CESF のように、新しい名称が「家庭科教育」という旧来の名称に取って代わってできた場合、その名称には、職業の将来的展望、野心、活動領域およびその発展について、名称の考案者の考え方が反映されていることを示す必要がある。

　職業の名称は、独自性を前面に出し、他の職業と区別する。同様に、潜在的な対象者やクライアントに対して、職業のイメージ、スキルや利用法などを示す。

　「家庭科教育」を「社会・家庭経済」と呼び変えたということは、そこにそれなりの意図があるはずである。また、どんな職業の名称も、内容、規範やイメージが織り込まれており、名称が職業の現状、あるべき姿、遂行すべき業務そして人がイメージするものを示す。そのため、以下に示すように、CESF の名称に関する掘り下げた分析は大きな意味を持つと考えられよう。

Conseiller（「アドバイザー」）[注6] という呼称に含意されるもの

　多くの職業が「アドバイザー」という言葉を職業名として使っているのは、「アドバイザー」という言葉が、職業を高く価値付ける効果を持つからであろう。しかし、高い価値がつく理由は、言葉の持つイメージだけではなく、この言葉が「新しい考え方」を反映するものであるからでもある。

　「新しい考え方」とは、「アドバイザー」という言葉が「援助・支援」などが意味する概念とまったく異なる概念を表しているためである。そして、さらには「経験に基づく活動」に矮小化された職業的慣行から隔たった概念をも秘めているためである。

　「助言・アドバイス」は、「援助・支援」とは意味が異なる。とりわけ「支援」という言葉は、1970年代を通してソーシャルワークの分野でもてはやされたイデオロギーを思い起こさせる。1970年代において、「支援」は「人を援助する」ことを示し、そこには「管理と規範を含意した公平性」というニュアンスも感じ取られる。これに対し、「助言・アドバイスをする」という場合は、「アドバイスする側とされる側」の違いはあっても、立場は対等であるという関係に位置付けられるのである。

　「アドバイスをする」ためには、第三者が持ち得ないような知識や獲得された経験に基づく一定レベルの能力が求められる。そのため、「アドバイスをする側とされる側」の間には「違い」がある。しかし、それでも「アドバイスをする側とされる側」が「対等である」という理由は、アドバイザーは、アドバイスされる側がそのアドバイスを受入れ、ある意味においてアドバイザーと対等になれる能力を有していると認めているためである。そして、双方間の違いは、たまたま特定の領域における暫定的なものに過ぎないと認識しているためである。

　アドバイザーに援助を求め、受入れることは、クライアントが自らの価値をおとしめるものでも、クライアントを束縛するものでもない。アドバイザーはクライアントの行動能力を認め、アドバイスに従うかどうかはクライアントの自由意志に任されているため、アドバイザーは基本的にクライアントの自律性を脅かすことがない。

　CESFという名称は、その起源の重みを背負い、その就労方法の特徴、価値観、活動方法や連携体制などが定まったアシスタン・ソシアルに比べると、クライアントに対してより重要な影響をもたらす意味合いが込められている。

プロのアドバイザーの強みは、年齢、実際的な知識、自らの経験の豊富さや多様性のみに基づいて決まるものではない。アドバイスのプロセスは、まず診断を行った後に、実施に関するアドバイスと事後評価を行う。アドバイザーは理論的知識と論理的方法に基づいて実践を理論化する。アドバイザーの専門性は、理論と実践の両方に基づくものであり、クライアントに対して自身が行動する能力と行動する正当性を与える。

　例えば、借金の清算手続きに関しアドバイスをするような場合、家計の支出費目の比率を決める際には理論上の知識と実践経験の両方が必要となる。また、クライアントに自律性をもたらし、提示された原則と状況に基づいて、クライアント自らが行動できるようになるのも、この理論上の知識と実践経験によるのである。

　この意味において、アドバイスとは、単に人を助けるだけのものではなく、同時にアドバイスの受け手に一定の能力を与えるものでもあると言うことができる。

Économie（「経済」）の持つ２つの側面

　「経済」という語も、ポジティブで多岐にわたるイメージを持ち、極めて幅広い範囲を思い起こさせる。「経済」という言葉は、一般的な意味においては、合理性、現実主義、効率、目標達成のための資源の割当を最適化することなどを表す。

　「経済」という言葉はまた、経済危機の時代におけるユートピア、贅沢な空想、非現実的な要求などのニュアンスを含む「ソーシャル」の対義語でもある。

　この「経済」と「ソーシャル」という対立概念は、そのどちらを優先すべきかとの議論が繰り返されてきたが、結論は出ていない。しかし、地に足をつけ、需要と資源の間のギャップを埋めるための最適解を見つけ、クライアントを窮地に追い込まないことをわきまえている存在こそが「経済の専門家」であると考えることができるだろう。

　実際に、辞書をひも解くと「経済」という言葉は２つの異なる意味を

持つことがわかる。まず、「家をよりよく管理するための技術」（家庭経済）や「個人の財（私経済）または国家の財（公共経済または政治経済）を管理すること」を指す。

「経済」は16世紀にはより厳密な意味で用いられ、無駄な出費を避けるための管理を意味した。しかし、17世紀以降は「全体の構成要素を組織立てること」というものごとの秩序立て、構成や関係性を意味するようにもなった。この意味における使い方としては、「プロジェクトのエコノミー」などの例を引くことができる（*Le Robert*, 1992）。

ここで、「社会・家庭・経済」の名称における「経済」という言葉は、上述した「無駄な出費を避ける」ことと「ものごとを秩序立てる」という、2つの意味を同時に含むのではないかとの設問が可能である。まずは、家庭の収入や予算をより良く管理する技術であり、家計教育の支援の目的ともなる。後述するように、これがCESFの専門性の中核を成している。

一方で、「経済」は人間のあらゆる個人的要求と社会的要求（衛生、食生活、社会的役割、権利へのアクセスなど）を満たすために、日常生活を構築し、秩序立て、管理する技術でもある。このことから、CESFは「日常生活の問題に関する専門家」と言うことができる。

Sociale（「社会」）と「福祉」の側面

フランス語で「社会」という形容詞が経済という名詞に係ると、その範囲が限定されるが、「社会」という言葉自体も複数の意味を持っている。「集団における個人どうしの関係」、さらには「社会における個人どうしの関係」である。この意味では、「社会」は「社会的な繋がり」や「社会科学」などのように使われる。

しかし、19世紀に頻繁に使われた狭義の意味では、明らかに労働者階級を示し、「社会」と「労働者階級」はある意味で同義語である。「ソシアリズム＝社会主義」、あるいは、労働者階級の問題という意味で使われる「労務問題」などで「社会」を使う表現は、この狭義に由来して

いる。

　この狭義の意味での「社会」は、現在ではあまり使われなくなったが、『ロベール辞典』は「社会・経済」について次のように述べている。

　「『社会』は労働者階級の生活条件およびその改善に関する知識全体という意味である。これは人間的価値（住居、生活水準、労働条件、衛生など）の角度からみた政治経済との意味で使われる『ヒューマン・エコノミー』と相対するものである。」（*Le Robert*, 1992）

　「ソーシャルワーク」または「ソーシャル・アクション」など、「ソーシャル」という言葉を用いた表現は、「社会に属する個々人の社会階層の分類に関すること」という意味を持つ。その理由から、CESF がソーシャルワーカーとして認知されることが重要な意味を帯びてくる。これは、CESF が職業として成り立つに至ったプロセス、職域や雇用主の種類などに関連している。

　支配される階層または搾取される階級を含意する「社会」に関連付けて考察すると、CESF が、「なぜ係争解決の専門性を銀行や金融機関のために活用するのではなく、低家賃住宅機構のような組織のために活用しようとするのか」が理解できるだろう。

　CESF になるための専門教育を受けて CESF として働き始めると、習得した専門性を活用する職業的地位と、活動方法を定義する使命上の地位が一致してくるためである。

Familiale（「家族」、「家庭」）

　ここでは、家族という概念が移ろいやすいものであるという点については詳述しない。セガレン（Ségalen, 2000）、グッディ（Goody, 2001）、またルッセル（Roussel）の『不確かな家族』（*La famille incertaine*）（1989）を参照してほしい。

　家族という概念は滅亡の危機に瀕するまでには至っていないが、家

族の成り立ち（婚姻、事実婚、再婚、人工授精など）や、その形態と動態
（婚姻の地位、子どもの持ち方の多様化など）が、旧来の固定観念化した
モデルによって把握することが難しくなっており、家族のあり方がます
ます多様化してきている（de Singly, 2005；Théry, 1995）。

　このような多様な家族のあり方をめぐる現状から、「家族の」、「家庭
の」という形容語が「経済」に係った場合、幅広い介入領域が想定され
る。

　「家庭経済」は、個々人の幼少期から家長とみなされる時期を経て、
高齢期までの人生の全期間を通した人間の生活においてあらゆる時点で
関連している。つまり、家庭経済とは語源としての「家政」を意味する
「家の中の経済」（ドメスティック・エコノミー）だけを意味するもので
はない。

　そのため、CESF という職業の職域や対象を把握するために「社会・
家庭経済」という名称を分析すると、次のようになる。

　まず、非常に広い概念の範囲が想定され、「社会の」という形容語が
加わる。そのことで、「家庭が築かれるための婚姻による家族」という
形態ではなく、「所得水準や家族構成員の社会的地位によって定義され
る家族」がその対象となるのである。つまり、「社会の」という形容詞
によって概念の範囲が限定される。このように「社会・家庭経済」と
「家庭科教育」との2つの名称を比較すると、その間に大きな断絶が生
じていると言えるだろう。

　社会的アイデンティティ、中でもとりわけ職業的アイデンティティは、
その主要な特徴によって定義されるのではなく、それについてまわる二
義的な特徴によって決まる。また、職業的アイデンティティに対するイ
メージや慣行をつかむためには、主要な特徴よりも二義的な特徴の方が
雄弁である場合が多い。

　例えば、熟練労働者の大半は移民であるという事実がある。このこと
は、職業のステータスと同様に、熟練労働者の慣行やイメージを定義付
けるのである。彼らの仕事に対する態度、要求、消費形態や娯楽、さら

には雇用主の態度などは、これらの熟練労働者が移民であるという事実に着目しなければ正しく理解できないだろう。

　CESFについても同様のことが言える。つまりCESFの95％は女性であり、二義的でありながら圧倒的多数のCESFが有している特徴を無視してしまうと、「社会・家庭経済」が実際に対象とするものについて理解できない。

　こうした二義的な特徴が、その職業に従事する側とそのサービスを受ける側の役割のイメージを定義付けるのである。CESFの大半が女性であり、「アドバイスを与える側と受ける側」の関係が、家庭科教育の名残としての「家事関連活動」に依拠しているという事実にも注目しなければならない。

3．CESFの社会的認知

　しかし、職業の呼称だけでは介入の特徴を十分に言い表したり、定義付けたりすることはできない。職業の名称と業務の具体的側面の間にはギャップが生じ得るためである。職業が対象としている領域やユーザーを定義する作業は、その職業が社会的に認められ正当化されるためのプロセスと言ってもよいだろう。

　現代社会では、人間関係の重視と価値の尊重が要求される。特定の領域における職業活動の正当性が認知されるためは、まず、職業実践上の効率とその効率の原則が理解されるかどうかにかかっている。一方で、「倫理」或いは「職業倫理」などについての基準が順守されているかどうかも重要な視点となる。

　職業が社会的に認知されるためには、少なくとも、要領を得ててきぱきと行動できる能力である専門性が大前提となる。この専門性をどう捉えるかについては、本書の第4章で述べる。

　ここでは、「専門性とは具体的に物事を遂行する能力である」という

理由で、「実践的知識がどのようにして適用されているか」だけに終始することは不十分であると指摘するに留めたい。なぜなら、専門性とは、理論と実践知識とノウハウの間に有機的な繋がりをつけるために必要な認識能力を指すためである。

　しかし、その専門性を活かすには、原則や規制、倫理規則に則り、職業規範を遵守した上で業務を遂行しなければならない。ここでいう職業規範とは、職業上のモラルを構築すると同時に、職業のアイデンティティの形成に寄与するものを指す。さらに、この職業規範は、個人あるいは雇用主の期待に合致したものであれば、専門性を発揮することができる。

　このように、個人の特異性やニーズを尊重した上で技術的な専門性を実践する職業は、実務的な技術を優先する官僚主義的な介入に比べて、クライアントにとって価値が高いと認められるだろう。

CESF の置かれている矛盾と対立をはらんだ緊張関係

　組織に勤務する職員は、「良い仕事」を遂行することで達成感や自己実現感を得て、自らの基準にそった価値を高めることができる。これに対して、雇用主側は、企業や団体の持つ「価値観」を被雇用者に受け入れさせ、企業文化に基づく組織の考え方や論理に従わせようとする。

　あらゆる職業ならびにその職業に従事する者は、社会がその職業に求める「社会的」規範と、個人が「善き行い」としてイメージする価値観と、雇用主側の価値観や企業に対する忠誠心という三者との間に生じる緊張関係に絶えずさらされている。

　雇用主と被雇用者の妥協の産物として、職業の動態が生じ、個々人もその職業のプロとして社会適応していく（Dubar, 1991）。

　ソーシャルワーカーという職業は、その使命の性質と就労の状況に鑑みると、とりわけこのような矛盾と対立をはらんだ緊張関係にさらされやすい。その一方で、各人がまちまちの対処法によってこの緊張関係を乗り越えているという現状がある。

CESF とアシスタン・ソシアルの違いは、これらの規範に対する自らの位置付けの仕方が違うことに由来するとも考えられる。

しかし、専門家とは、一般の人が持たない実践的専門性を身につけ、競合する他者との差別化を図ることができるような職務遂行の規範体系を持つ。とは言え、それだけでは不十分であり、クライアントや雇用主から正当性と妥当性を認知されたものでなければならない。この意味では、職業という概念の裏には必ず社会的側面がひそんでいる。

各種のソーシャルワーカーが多かれ少なかれ競合関係に置かれるシステムでは、職業に対する社会的認知が重要な意味を持つ。そのため、避けて通れない問いを以下に挙げたい。

まず、ソーシャルワーカーの世界において、CESF はアシスタン・ソシアル、エデュケーターなどと並んで、どのような職域を受け持ち、どのようなポジションにあるのだろうか。

また、雇用に際して、他のソーシャルワーカーに比べて優先的に採用されることがあるのだろうか。あるいは、他のソーシャルワーカーと一括して同一視されてしまうのだろうか。これらの各職種のソーシャルワーカーは、自律性を持たない現場の介入者に過ぎないのだろうか。

それとも、指揮管理レベルの職務を任され得るのだろうか。彼らは多様なニーズのある現場での役割を受け持つのだろうか。それとも、専門性を持たない一般ソーシャルワーカーの手に余る特殊なケースのみを任されるのだろうか。

CESF の特殊な専門性

上述した理由から、CESF には特別な専門性が問われることになる。ここでは、専門性という言葉は「行動する技術的能力」だけでなく、社会的にその行為をなす可能性が与えられているという「社会的に認知された専門性」の意味である。しかし、「専門性」とは一般的な意味だけではなく、技術的な意味においても、もう1つ別の意味で理解される言葉がある。

　すなわち、専門家とは職業に関する規則や方法について自ら裁定を行い、その規則が遵守されているかどうかを評価することが許された人ということもできる。

　どんな職業であれ、その規則を定義するにあたっては、自らの自律性を損なわないために職業集団内で専門家を自分たちで作り出そうとする。しかし、さらに言えば、どんな職業においても、程度の差こそあれ、実務家と専門家の間には緊張関係が生まれる。

　CESF もその例に漏れない。CESF は、要介護者や社会的に排除されている人が置かれている具体的な状況に対応し、自らが提案した援助のフォローアップを実施し、伴走を行い、得られた成果を評価し、自らが行った業務の自己修正を行い、ソーシャルワークの業界への帰属を主張する現場の専門家なのだろうか。

　あるいは、状況に対応するためのプロセス全体の中の「診断と治療」の部分のみを任され、別のソーシャルワーカーが現場でそれらを適用した後に、再度その評価を行うために介入する職業なのだろうか。これらの問いに対する答えは、雇用主がソーシャルワーカーの専門性や規範に対して抱くイメージにも左右されるだろう。

　以上、CESF の対象、専門性、専門家であることに対する認知がいかに重要であるかなどについて述べてきた。つづく第 1 章では、社会・家庭経済の領域がどのように誕生し、CESF という職業が出現してきた動態とどのように関わるのかを分析していく。

　〔注 1〕医療・福祉担当省内の研究・評価・統計局とコンサルティング会社 GESTE
　　　　が行った 2020 年初頭の調査結果によると、CESF の総数は 15,000 人と推定さ
　　　　れている。
　〔注 2〕保育園、託児所、病院、身体障害者施設などで乳幼児・児童を対象とする
　　　　ソーシャルワーカーを指す。なお、エデュケーターには、児童専門エデュケー
　　　　ターの他に、エデュケーターと専門エデュケーターがあり、CESF とアシスタ
　　　　ン・ソシアルを加えて、フランスにおけるソーシャルワーカーの 5 つの資格と

されているが、翻訳にあたっては煩雑さをさけるために、「エデュケーターなど」としている。

〔注3〕アシスタン・ソシアルは、経済、社会的包摂、家庭、健康、住居など様々な問題を抱えたクライアントに介入するソーシャルワーカーで、クライアント自身の可能性と市町村が提案する可能性の両方を考慮し、将来の計画をベースとしてクライアントを受け入れ、支援、オリエンテーションおよび伴走を行う。

主な任務は、①状況の評価、②アドバイスとオリエンテーション、③プロジェクトにおける伴走、④地域社会の福祉事業開発への参加である。

本文中に出てくるように、アシスタン・ソシアルは地方公務員の身分の人が大部分を占める。

〔注4〕「形式」とは、CESF の呼称に関わる問題であるが、フランス語の名詞には男性形と女性形があり、どちらを使うかという問題がある。原著者は CESF は女性が圧倒的に多い現状を踏まえて、女性形を使うことを表明している

〔注5〕監訳者まえがきにおいて述べたように、上級技術者免状（BTS：Brevet de Technicien Supérieur）は、CESF と同じく社会・家庭経済分野における国家資格の1つで、この2つの社会・家庭経済に関する養成課程の問題点などについては第4章で詳述されている。

〔注6〕本書では、クライアントを「援助、支援」する対象ではなく、介入者と対等の立場にあると強調する意図および CESF の誕生以前からソーシャルワークを担っていたアシスタン・ソシアルとの差別化のために、Conseiller に対して「アドバイザー」という呼称が使われている。

第 1 章

家庭科教育の
社会・家庭経済への転換

　CESF の職業の領域は、「社会・家庭経済」にある。CESF は「社会・家庭経済」に介入することの正当性を認知され、範囲が限定されて独占的立場も得られるのだが、「社会・家庭経済」の成り立ちについては多くの点が謎のままである。

　独自の教員集団や指導者を持つ「家庭科教育」は女子生徒を対象とした学校の教科となったが、どのようなプロセスを経て「社会・家庭経済」に様変わりし、CESF という特殊性を持つ職業グループが誕生したのだろうか。

　ここで問題にするのは、社会学者や職業の歴史を専門とする研究者のみが関心を持つような理論的なことではなく、より実際的なことがらである。

　実践的な事項を取り上げる理由は、次の 2 点の問いかけに答える必要があるためである。1 点目は、家庭科教育が「社会・家庭経済」という

呼称に変わったことによって、CESF という職業が時代の状況に応じて進化し、適応していく可能性はあるのかという問いである。2点目は、もともとの対象領域とかけ離れた領域において、CESF が介入する正当性はあるのかという問いである。

1．社会・家庭経済の職業としての実践

　私たちは、文明と同じく職業も消滅し得るものであると承知している。職業とは、生まれ出てから発展・変化・消滅するものである。

　ところが、職業の動態や人口の動態についてはあまり知られていない。世間に広く知られていないという状況は、CESF の場合においても、さらにアシスタン・ソシアルなどのような「伝統的な」ソーシャルワーカーの場合においても不利に働く。

　これらのソーシャルワーカーは、新たに出現した「社会的支援介入者」という職業によって存在が脅かされている。競合となり得るソーシャルワーク部門における「新たな介入者」を挙げると、次のとおりである。

　管理職レベルでは、プログラムの企画考案設計者、開発担当者、プロジェクトチーフなど各種のコーディネーターなどであり、現場レベルでは、訪問ヘルパー、地域の指導的立場に立つ「兄や姉的な存在」、市町村職員など地域の社会的仲裁・調停に関する職がある。

　職業は、介入領域や社会的有用性を失った場合や、専門性や職業倫理が陳腐化した場合には消滅する可能性がある。家庭科教育もこれらの課題に直面したが、結果的には無傷のまま課題に対処し、より強靭なものに生まれ変わっていった。

家庭科教育から社会・家庭経済への転換に至る歴史
家庭科教育およびその後身である「社会・家庭経済」における介入領

域を定義するのは困難であるが、以下に概略を述べていく。

　まず、資本主義の出現と発達に伴って、生産活動と労働力育成が分離され、さらに生産と消費が明確に区別されるようになった。そのため、家計管理がいわゆる「経済」から独立して考慮されるようになって以来、家庭科教育は家計管理の知識とその実践全体を指すものとなっていく。

　CESF の介入領域としての「家庭」は、資本主義の誕生に先駆けて出現している。マダム・ドゥ・マントゥノン（Madame du Maintenon）は、没落貴族の子女たちができるだけ散財をせずに、マナーを尊重し宮廷生活のルールに則って振舞えるようにしたいとの思いを持ち、17 世紀にサン・シール学校を創設している。

　後にナポレオンとなったボナパルトも、戦没将校の子女を対象とした同様の学校を創設した。ジャンマリー・バルビエは、16 世紀から 19 世紀の間の家事実践の歴史をさかのぼり、家政における行動や応用技術がいかに変遷してきたかを示した。

　これらを見ると、既に 4 世紀近く前から家庭経済および家事の管理ノウハウが教習および理論家の対象とされてきたことがわかる。『理性の本』、『農業の本』と題された著書の相次ぐ刊行はその証左と言えよう（Barbier, 1978）。

　このような経緯をたどったとはいえ、家庭科教育は大きく躍進した。その背景には、資本主義の発展、自給自足経済の衰微、市場の拡大や給与所得者数の増大が挙げられよう。

　同時に、日常生活が生産活動から独立し、「労働力を育成する空間と時間」が明確に区別された。つまり、「労働時間と労働外の時間」、「工場などの労働空間と家庭空間（住居）」が明確に区別されるようになった。

　それ以降、家庭科教育は「独立した労働力の育成管理」に関する実践的意味を持つようになった。つまり、身体面では「効率的に働ける身体能力」、同時に、道徳面では「身体を使って行う労働の意味と価値観」という 2 つの側面から考慮されるようになった。ここでいう価値観とは、「善と悪」、「誠実と不道徳」、「怠惰と勤勉」などを指す。

この家庭科教育は、19世紀半ば以降、「衛生」、「栄養」、「予防医学」などに関する知識に依拠できるようになり、「住居」がその実践と実験の場となっていく。

　家庭科教育の対象は、最初は貴族階級であり、次いで中産階級であった。つまり、生活様式と教養文化の教育であり、ピエール・ブルデュー（Pierre Bourdieu）の言葉を借りれば、「エトス（特質、道徳的気風）」を強調するためである。

　しかし、その後、家庭科教育の内容は、都市の女性労働者あるいは農村の女性に向けたものへと変容していった。つまり、家庭科教育は、専業主婦が家を守り、家事を全うすることに照準を合わせて行われたものであり、工場労働者や農業従事者になる道があらかじめ決まっている女子よりも優先的に行われていたといえよう。

　家庭科教育が目指したものは、解決不可能な問題を家庭科教育によって解決しようとする試みであった。それは、将来家庭に入って主婦の座に収まることが必ずしも保証されていない未婚女性または既婚女性をいかに模範的な家庭人に仕立て上げるかという課題であった。

　ところが、このニーズは資本主義の黎明期において、次の2つの問題意識が提起されることになる。

　1つは、効率の高い労働力をいかに育てるか、つまり、労働者や賃金労働者が得るかろうじて家族を養える程度の収入の範囲内で、いかに健康と労働適性を維持するかという課題である。

　2つ目には、労働力の「自由意志的な」動員に必要となる、価値観、イメージや道徳概念を労働者に対していかにより広く教えるかという問題である。労務上、労働争議を回避し、ある一定水準の秩序を維持するためにはこうした教育が必要であったのである。

　このような理由によって、できるだけ若いうちから家庭科教育を基礎として社会観と道徳観を教えることの重要性が認められた。ボルタンスキーはこれを「階級の道徳」と名付けた（Boltanski, 1969）。

　同様に、家庭科教育の対象は必然的に決まってくる。それは、神殿

の守護者であり巫女のような存在ともいえる、「家庭の守護人＝若い女性」である。将来、母親となる女性が労働者階級に属するのであればなおのこと、住居をできる限り衛生的に保ち、家族の健康を維持し、生活の条件、栄養、被服、住居の住み心地などを向上させ、改善する能力を習得することが必要となってくるからである。

　19 世紀の社会・家庭経済の概念の創始者の一人であるウェイス（Moll Weiss）は、「社会・家庭経済」に特有の目的を次のように述べている。

　　「生活の物質面において、極めて限られた資源で最大の快適性を得ること。家族の幸福と繁栄はこれによって決まるのである。」
　　　　　（フランソワ・マルカールによる引用〔cite pa Marquart, 1974, p.45〕）

　しかしながら、この目的が 1 つの職業の存在理由と結びつくためには、その専門性と技術のさらなる裏付けが必要となる。

家庭科教育の「専門性」——家事の知識と実践

　家庭科教育の専門性には、技術的側面、社会的側面および管理的側面という 3 つの側面が含まれる。

　1 点目の技術的側面とは、家事に従事したり家族の健康を維持したりするやり方のことである。つまりシャンブレット（Chambrett）、ラフォール（Lafore）およびメナール（Maynard）が言うところの「物質的および人的管理」である。これには、衣服、針仕事や清掃などの主要な消費品を家庭内で生産することが含まれ、さらには、衛生、予防医学や栄養などに関する知識に依拠し、後には、機械、電気、化学に関する知識にまで拡大される。

　これらの専門知識は既に 16 世紀から形成されてきたものであるが、実際に発展を遂げたのは 19 世紀末から 20 世紀初頭にかけてであった。それは、当時の社会通念に反して、家事・家政の知識はにわか仕込みで身に付くものではないという理由からであった。つまり家庭をしっかり

管理するための習得すべき技術がちゃんと存在するということである。家庭科教育は、特に医学や育児法により開発された科学的内容に依拠した。

　さらに、1928 年に初版が刊行されて以来、版を重ねてきた『家事のメソッド』（*De la méthode ménagère*）の著者ポーレット・ベルネージュ（Paulette Bernège）が「家庭科のオーダーメイドシステム」と呼んだ合理化を出発点としていた。

　2 点目の社会的側面は、主に教育的側面に反映されている。家庭科教育は、下流階級の家庭の生徒を対象とした教育に移り変わっていった。これらの生徒に対しては、教科の内容をそのレベルに合わせる必要が生じた。

　つまり 1880 年以降、若い女性にとって家庭科教育は学校および高校における義務教科となったとはいえ、家庭科教育は、学校教育の最後または学校教育を終えた女性に対し施されていた。

　こうした理由から、現場の実情を考慮した家庭科学校が発達し、特に農村地区では巡回式の学校が設けられた。この教育方法は、弟妹の病気、残飯の利用法、衣服の着回しやリネン類のリサイクルなど、実際の日常生活での経験や家族の問題などに基づいた帰納的な方法であった。

　そのため、家庭科教育は、帰納的で実際的な養成を受けた教員が豊富な教育知識を習得していることが前提となる。教員にとって必須とされたことは、教育内容を生徒のレベルに合わせるために、生徒の生活様式を内側からよく知りつくしていることであった。

　3 点目の管理側面については、管理技術が存在する家計管理ではなく、教員が自らの職場の状況を管理する能力を反映するものであった。これらの教員の多くは私立学校を職場とし、労働条件および報酬は平均以下の水準であった。これは慈善事業やボランティア活動などを由来とした職業の起源の遺物とも言えるのかもしれない。

職業倫理の主張

家庭科教育はしばしば、権威的で独断的かつ教訓的なものとして紹介されてきた（シゴニオー〔Sigogneau〕, 1986）。

ここでは職業倫理というよりは、実践の指標となる価値体系としてスタートすることが望ましいだろう。この価値体系は、家庭における女性、より一般的には、社会における女性の役割と任務の概念を映し出すものである。献身的で無口、働き者で慎み深く、効率的で目立つことなく、真面目で自己犠牲も厭わない妻および母親のイメージに合致している。

これは、家事の効率化と収入の最大化を目指し、家族全員の幸福と自己実現のために倹約に励み、消費品をできる限り手作りし、生産、清掃、家族管理、環境などを家内工業的に取り仕切る主婦の理想像にも当てはまる。

具体的な事例を実際的に教える教育方法は、この論理に適っている。ここで求められるのは、知識を蓄積し、理論的知識を習得し、教養を高め、博識を得るための学習ではない。若い女性が、男女それぞれの役割や社会との関係の通念に沿って、効率的で実践的に衛生、栄養や住居の清掃などに関して、家庭科教育の「教義」に則った振る舞いを可能とすることに照準を合わせた教育なのである。

このように確立されてきた教育法においては、学習と道徳が密接に関連付けられている。

ヴィシー政権に関する概要

当然ながら、このモデルの統一性と整合性は一朝一夕にして得られたものではなく、シャンブレット、ラフォール、メナールが示したように、19世紀末から徐々に整備され、確立されてきたものである。

ヴィシー政権は、真の意味で改革に着手したというよりは、既に存在していたものを体系化し合理化したという方がより正確である。つまり、第三共和国が基礎を築き、さらに多くの部分について構造を打ち立てたと言える。

政教分離の原理に則って、義務教育に関する法律においては家庭科および家計教育の教科教育課程が盛り込まれていた。また19世紀末には、週に2～3時間の家庭科および家計の授業が補習という形で行われていた。

　パリを中心とするイル・ド・フランス地域圏では、1918年、農業大臣が農村の若者や義務教育修了者を対象として、家庭科教育の授業を行うための仮設および巡回式の学校を設立した。この授業は、家計管理や農産・畜産物の価値を高めることについて教えるだけでなく、農村の若者が都市に憧憬や幻想を抱き都会に出て行くのを抑止する狙いもあった。

　既に19世紀後半には、企業の経営者が若い女性労働者のためにその居住地区内に学校を作り、学校教育を修道女に一任するというような動きも見られた。

　このように、都市においては、特に工場周辺などに労働者が夜間や勤務時間中に授業を受けられる学校や教育センターなどが次々と作られていった。次いで、家族手当金庫（CAF：Caisse des allocations familiale）[注1]の前身機関である補償金庫がこうした動きを徐々に引き継ぐ形で、まずパリ地方の補償金庫が1927年に最初の家庭科学校を作った。時期を同じくして、パリのムッシュー通りに設けられた社会・家族・家庭研究所の働きかけで、家庭科教育の内容と教授法が形式化・規格化されるに至った。また、同研究所は地方に数々の家庭科教育センターを設立していった。

　その後、1934年には家庭科教育の教員適性証書（CAP：Certificat d'aptitude pédagogique）が創設された。

　ヴィシー政権の遺産は、黎明期の第四共和国に引き継がれていく。第四共和国は多くの部分について、フランス国家の保守的なモラルを共和国的で非宗教的なモラルに置き換えることに腐心した。家庭科教育の制度が深化し、とりわけ教員グループは代表組織を持つようになった。

　すなわち、1943年の家庭科教育の指導職と教員職の創設に続き、1945年には家庭科教育教員の全国連合が組織された。1955年には最初

の『家庭科教育手帳』（*Cahiers d'enseignement ménager familial*）が発刊
され、教義を広めることや革新技術に関する知識、さらには家庭科教育
の組織化に大きく貢献した。

　教員グループは、1957 年にストラスブールで最初の大会を開催し、
家庭科教員は道徳的および物質的地位の向上を目指して、代表組織を持
つに至った。つまり、職業の正当性が認知され、優位的な地位を得て、
職業に関する決定を自律的に行い、少なくとも社会における影響力を獲
得したということができる。

２．家庭科教育から社会・家庭経済へ──曖昧な出発点

　それまで学校教育において、国民教育省の管轄下に置かれた教員が女
子生徒に教えていた家庭科教育は、どのようにしてソーシャルワーカー
が成人などに対して行う「社会・家庭経済」に移行していったのだろう
か。

　まず特記すべきことは、家庭科教育の成り立ちそのものの曖昧性であ
る。つまり、家庭科教育は、もともと中産階級層向けに価値観や社会性
を教える教育に着想を得て、中産階級家庭の女子を対象に考案されたも
のであるが、中産階級家庭の大半は、基礎的な衛生観念や家事術につい
て学校でわざわざ習うまでもなく、家庭内で十分教育ができるとして、
家庭科教育を忌避した。

　このような経緯を経て、家庭科教育は優先的に下流階級の子女を対象
とするようになっていった。ただし、教育対象が変わった後も、夫が外
で働いている間に家を守る「良妻賢母型」の規範モデル像はほぼそのま
ま維持された。

　下流階級・労働者階級に照準を合わせて変更された点は何か。それは、
より権威的で独断的な方法によって、経済的観念である「効率」が重ん
じられたことである。このように逆説が生じたことについて、フランソ

ワ・マルカールは次のように説明している。

「女性の当然の役割とされる作業を高く価値付けることにより、労働における女性の地位の低さを補完する必要性があった。また、家庭科教育は、職場における女性の地位の低さに起因する問題から目をそらさせ、良妻賢母の美徳を推奨し、社会において保守主義を維持する役割を負っていたと見ることもできる。」(Marquart, 1974, p. 83)

実際には、家庭科教育が発達したのは、家事と価値付けの低い労働とを両立させる必要性があったことを背景としている。しかし、大半の労働者階級世帯の所得レベルが低い上に、生活必需品市場が出現し、金融経済が発達して労働者世帯の生活はさらに窮乏した。こうした変化に伴って、家庭科教育の対象が変わったことにより、その意味合いにも変化が生じた。

例えば、家にこもっている中産階級の妻にとって、家で針仕事をすることが家庭の財産づくりに一役買っているという意識や満足感につながるとすると、その一方で、労働者階級の妻にとっては、自らの手で針仕事をすることで衣類を買い替える必要がなくなり、それが節約につながって、家計をやりくりするための手段となると言える。

家庭科教育の内容とその教授法を掘り下げて分析すると、わずかな資源で生活費のやりくりをし、廃物利用などで創意工夫するやり方を教える内容が多いことに驚かされる。

資本主義が労働力を厳しく搾取し、わずかな給金と引き換えに効率の良い労働を求める社会において、家庭科教育は、最初から「社会の調節役」としての役割を請け負っていたのである。これは、資本の更なる蓄積を目指すために、労働コストを上げることなく、労働者とその家族の日常生活を向上させる手段でもあった。

つまり、家庭科教育は、所得と生活費をすり合わせ、同一の社会関係が営々と反復されるという意味での「再生産」を可能とする方策として、

社会・福祉の領域に関係付けられたのである。

　また、前述したように、科学と技術を最大限活用しようと模索する家庭科教育と、保守的・反動的な道徳観との間には、緊張や対立が生じる。1942年から1943年にかけて、フランス政府は、ヴィシー政権において共存してきた官僚主義の発展と保守的なイデオロギーの間の矛盾を抱えたまま、家庭科教育の組織化を図ろうとした。しかし、この時期には緊張と矛盾が最高潮に達した。

　この緊張と矛盾が生じた理由は、家庭科教育の位置付けにあった。つまり、家庭科教育は初期の段階から、進歩的・科学的なものの恩恵や教育の美徳などの解放のイデオロギーに寄与する一方で、労働者階級の私生活を馴化させ、労使関係の鎮静化を保証するための道徳を教え込み、社会および経済秩序を維持する「再生産」の役割を果たすものとして位置付けられていたのである。

　この意味において、「教育と解放の側面」よりも「援助と管理」という性格が色濃かった従来の社会福祉活動と、家庭科教育の間には少なからずギャップやずれが見られた。しかし、「原初の」家庭科教育はソーシャルワークとも一定の関連性を持ったものであった。

　1960年代末になり、社会福祉活動に関する国家プランにおいて、福祉利用者の「自律性を高め」「解放を意図し」「責任付けを行う」ことが主張されてきた。それ以来、家庭科教育モデルと社会福祉活動の原則との間の整合性が明らかにされた。

　家庭科教育は学校および高等学校の教育課程の1つであったが、その後、女子中途退学者を対象とした課外教科として発展していった。当初から、学校教育の教科であると同時に、学校教育終了後の課程や職業教育の一環としても教えられていたことになる。

　つまり、個性の開発や豊かさを目指して身に付ける教養や知識の伝承よりも、経済・社会的な制約に対して、いかに適応しより良い生活を営むかという点に主眼が置かれるようになっていったのである。しかし、実際には、家庭科教育の展開はより大きな動きの中に位置付けられると

言っても過言ではない。

　家庭科教育センターが随所に創設されていく動きとあいまって、公団住宅、義務教育、伝染病予防、託児所や医療関係者の家庭訪問などの社会福祉的な施設や措置が整備され始めていった。そのため、家庭科教育は、経済情勢や社会の変化に対応するための柔軟性や妥協の仕方を身に付けることを教えるものであった。

　数多くの団体は、義務教育を終えた14歳以上の女子を対象に、家庭科教育を補完するための学校を開設した。同時に、家庭科教育は、国民教育省と、後に社会福祉問題担当省となる国民省の2つの省庁の監督下に置かれた。つまり、学校で教える教科であった家庭科教育は、同時にこれら二省庁の監督下に置かれることによって、社会福祉活動と関連付けられたことになる。

　家庭科教育は、確かな専門性と教員の専門性開発によって、規範的・教訓的な側面を補完しようとしていく。家庭科教育の教員選抜試験は厳格で狭き門であった。家庭科教員の幹部養成学校は、「生活における予防策」という考え方だけでなく、「快適な生活」や「福祉」という考え方を打ち出し、「生活に関する真の意味での官僚」を養成した（Chambrette, 1980）。

　家庭科教員の幹部養成学校は、このようにして、教義と実践を修得したプロ集団を作り上げた。こうした集団としてのまとまりや一貫性は、長い間、各職種のソーシャルワーカーに欠如していたものである。

　これらの学校は、住居、健康、家計を中心とした生活に関わる専門職集団モデルを構築した。そのモデルとは、専門性と個別性に基づいた合理性とノウハウを有する集団である。また、ヒエラルキーと社会秩序の概念を前面に打ち出すために、道徳、実用主義や生産性主義が重要視された実践方法を規定する規範システムもまた専門職集団モデルに含まれている。

家庭科教育の崩壊と再編

　家庭教科は、一貫性と整合性があるとはいえ、何かが経済や社会の変化にそぐわなくなったとたんに、矛盾や緊張が表出し、教育か福祉活動のどちらを志向するのか選択を迫られる。

　「家庭科教育」は教科であるにも関わらず福祉の方向を向き、「社会・家庭経済」は福祉の領域であるにも関わらず、今日もなお教育の方向を向いているとも言える。この家庭科教育が改革されたのは、以下に挙げる主に4点の理由によるものである。

　1点目は、義務教育がそれまでの14歳から16歳まで延長され、義務教育を終えた人の一部が事実上、家庭科教育の対象とならなくなったためである。いずれにしても、家庭科教育は成人を対象とするようになり、その性質が根本的に変わった。

　2点目は、国民全般、特に女性の教育レベルや一般教養レベルが高まり、家庭科教育の内容の一部が意味を持たなくなったためである。また、貨幣経済が発達し、家事・家政活動における関心事が「家庭内でいかに物を作り、生活を維持するのか」から、「どのように物を買い、どのように消費するのか」に変わってきたためである。このような変化の傾向は、マンモス公営住宅の増大と銀行口座を介した日常経済によってさらに強まることになっていく。

　3点目に、女性の社会進出と女性解放運動の活発化に伴い、女性の役割と地位のイメージが変化したためである。とりわけ親権、避妊、妊娠中絶、離婚に関する法改革が日の目を見るに至ったためである。

　4点目には、教育に対する考え方において、職業に直結した側面よりも純粋な技術面が強調されるようになり、1970年代初頭に沸き起こったソーシャルワークに関する論議を受けて社会福祉活動の領域に変化が起こったためである。

　ソーシャルワーカーはこの論議において、意志的で共同体的な社会福祉活動を発展させていこうとしている。

深化する専門性

しかしながら、その進化や変容は一筋縄にはいかなかった。1960 年代は制度の変化が社会の変化に追いつかない激動期であり、改革が絶え間なく加速的に行われたが、同時にどこか躊躇するかのようにも見えた。この時代は、歴史が目まぐるしく動き、物事の変化を確実に把握することが困難な時代であった。

CESF においても新たな時代の幕開けを告げるように、1960 年 4 月 27 日の条例によって家庭科アドバイザー技術者免状が創設され、家庭科を受け持つ教員および指導者に対して同免状を取得する道が開かれた。

新規に導入されたこの免状の第一条によれば、家庭科アドバイザー技術者は家庭およびグループに対する情報提供サービスを行うために、「社会、経済および技術的な性質を帯びた教習課程」を承認し認可するものであった。

教える対象は、家族からグループにまで拡大されたとはいえ、依然として「家庭」の枠組み内に留まっていた。しかし、介入方法と専門性には変化が見られ、アドバイザーが教員に取って代わった。

既に序文で述べたように、生徒に対しては「教育する」が、地位、身分、スキルにおいて対等の立場にある者に対しては「アドバイス」することになる。

「68 年の学生運動」と消費社会に対する社会学的観点からの批判が渦巻く中で、その後、1969 年 6 月 13 日の省令（社会・家庭経済の分野における社会・家庭経済の上級技術免状創設に関する省令〔Arrêté relative à la création du Brevet de technicien supérieur en Économie sociale familiale〕）において、「社会・家庭経済の上級技術免状（BTS：Brevet de Technicien Supérieur en Économie Sociale Familiale、以下 BTS）」が創設され、呼称と対象領域が根本的に変わった。

シゴニオー（Sigogneau, 1986）が分析しているように、1960 年代は社会の大きな転換期に当たる。家庭科教育の道徳的規範が消滅したところに革新的傾向が激化し、技術を中心とする新たなビジョンが前面に躍り

出る格好となっていった。

　その目的は明らかであった。それは、女性に対し家事、家政のやりくりに関するアドバイスを行い、仕事を始めとした様々な活動で忙殺される女性が家事にさく時間を軽減し、家事の制約から解放されるように導くことにあった。そのため、アドバイスでは従来のやり方を根本から見直し、住居の新たな設備や家電製品の普及などを最大限活用するための指導に重点が置かれた。

　しかし、BTS は、個々の対象家庭の出自、社会的、職業的関係に派生する社会、文化および経済面での特殊性を考慮することはなかった。彼らの取った手法は、それぞれ事情の異なるはずの全ての対象者・家庭に対して、「ワン・ベスト・ウェイ（唯一の最良のやり方）」とされる同じ革新的な提案を体系的に行うことであった。

　つまり、初めて大規模団地に引っ越してきた農業従事者にも、都市化のあおりを受けて市街地を去ることを余儀なくされた労働者の女性にも、まったく同じ提案を呪文のように繰り返していたのである。

　1960 年代末から 1970 年代初頭にかけて、社会文化的な違いや状況やニーズの多様性にほとんど目を向けることのないこのような技術至上主義は、徐々に世の中の動きに取り残されるようになっていった。

　国民教育省総監であったブロッソンは次のように述べている。

　「『社会・家庭経済』という表現は、金銭・物質面のみへの関心に取って代わるものとして登場した。それは我々の生きる時代に則した関心を広げ、社会生活に開かれた家庭生活が必要であるという考えに基づくものである。」（Broussin, 1968）

　このように、呼称や名称というものが一定の重要性を持つ中で、「社会・家庭経済」という表現が現れてきたことは、過去との断絶がいかに大きいかを物語っている。

複合的な専門職養成課程

　しかしながら、「社会・家庭経済」は依然として教育の領域に留まった。というのも、養成課程が国民教育省のみの管轄下にあったからである。その後、1973年にCESF国家資格が創設された時点で、ようやく、ソーシャルワークへの方向付けが公式なものとなっていく。

　この時点でCESF国家資格は、社会・家庭経済分野のBTSに開かれたものであった。1973年5月9日のCESF国家資格に関する省令（Arrêté relative à la creation du Diplôme de Conseiller en Économie sociale familiale）では、次のように規定されている。

　　「CESFはソーシャルワーカーであり、生活における課題の解決を支援するために、成人に対する教育と情報提供に協力する。その専門的な活動は、他のソーシャルワーカーとの協働による社会福祉活動の枠に組み込まれる。」（第1条）

　ここでは、CESFのソーシャルワークの側面と対象者の転換が強調され、1969年の社会・家庭経済BTSの創設に関する省令で謳われた道徳的規範が消滅したとはいえ、CESFの新たな養成課程には、依然としてCESFの起源にさかのぼった過去の痕跡が残されていた。

　その理由として、先ず、アシスタン・ソシアルやエデュケーターなどの場合とは異なり、CESFの養成課程が2つの省庁の監督下に置かれたことが挙げられる。

　BTS免状が国民教育省により交付されるのに対し、その先の専門課程となるCESF国家資格取得準備の最終学年（第3年目）については福祉問題担当省の管轄とされた。しかし、CESFの免状は大学区長が発行する。

　CESFの養成課程において、少なくとも最初の2年間は将来従事する職業を意識したものというよりは純粋に技術面のみが重視されている。最初に理論があり、それを基に実践するという「演繹的な方法」が、

日々の経験から基本理論を導くという「帰納的方法」をしのぐことを意味する。

　さらに、教育の内容は職業実践に直接つながるような性質のものではなく、そこから切り離されて独立したものであった。

　教科の名称で言えば、乳幼児の世話は「育児学」に変わり、調理は「栄養学」となり、予防医学や健康維持は「生物学および生理学」になり、家電のメンテナンスは「電気工学」になり、被服は「ファッション」となった（Sigogneau, 1986）。

　家庭科教育の独自性は完全に消滅したが、かといって、CESF 国家資格受験の準備年となる第 3 年目を除いては新たな方向性が出現したわけでもなかった。その上、CESF の第 3 年目の養成課程においても、社会学や経済学などの社会科学に基づく理論、質問、アンケート、資料の管理や面接の仕方などの方法論を重視した手続きが大半を占めていた。

　BTS 免状と CESF 国家資格の 2 つの免状に関する改革が進展するにつれて、こうした傾向はさらに強まった。特に 2009 年に実施された直近の改革では、BTS 免状と CESF 国家資格のそれぞれの特殊性が顕著となる。

　BTS 課程では専門理論が増え、調理や裁縫などの授業は廃止された。同様に、1999 年の BTS の改革で取られたような、社会的支援介入の職業に就くための教養課程的志向は減少した。それとは逆に、CESF 国家資格受験を準備する第 3 年目の養成課程では、社会的支援介入の側面が大幅に強化された。

新たなプロフェッショナリティ

　1960 年代の条文にあるような「家事の教育的価値」（1970 年 5 月 13 日の通達）は問題とされなくなり、代わりに社会の変化、規範の重み、社会秩序の重要性、ステータスや社会的役割に関連した制約、社会文化的な条件付け、さらにその後は、個々人の希望などが不可避のテーマとなった。

CESF の介入対象は、従来の家庭や住居内の人や物の管理から、激変する社会への統合のプロセスの管理に移行した。というのも、世の中の変化に取り残された多くの人々が社会の変化の足かせになることが危惧されたからである。

　また、対象テーマが「住居から地域、町へ」と拡大され、「予防から発展へ」、「生き延びることから充足・安楽へ」、「手作りから賢い購買行動へ」、「家族から隣人や地域住民へ」、「仕事の準備から余暇や仕事外の時間の管理へ」と移行していった。

　そして、目指すべき像も「良妻賢母」というイメージから、「賢い消費者」や「善良な市民」へと移行していく。

　CESF の専門性も変化していった。その変化は、具体的には次のようなものである。つまり、教育して教え込むよりも、やる気を起こさせること、守るべき規則を押付けるよりは、現状の確認を行うこと、普遍的な規格に合わせるよりも、個々の状況を優先的に考慮するというように、「クライアントに教えることよりも、助言をして納得してもらう」という考え方が主流となった。

　それにならって、クライアントに対して個人的に介入することよりも集団的アプローチが増えていき、グループ内に生じるエネルギーを生かす方向に変わっていった。とはいえ、それまでの専門性が全て失われたわけではなく、特に、社会福祉的な側面や具体的なアプローチや知識を最大限に活用して単発的な問題を解決したり、家庭における様々な能力を管理し、活用したりするアプローチなどは健在であった。

　これは、クライアントとして成人を対象とすることが増え、その学歴が高まり、女性の比率が減り、また家庭のみに閉じこもっていた女性が減ってきたことにも由来して、介入の仕方に大きな変化が生じたためである。

　さらに、規範体系も変化した。モラルは、宗教的か否かに関係なく、また共和国的か否かの別も問わず、ソーシャルワークの象徴的価値観に基づく倫理観に取って代わられた。つまり、自律性、自発的参加、教育

的目的、イデオロギー的中立性、完全に支援されることへの拒否、ポジティブでない差別の拒否といった社会科学的な通念に準拠したものであった。

　しかし、ここでも、CESF元来の特徴は完全に失われることなく、ソーシャルワークの枠において「社会・家庭経済」の一定の特殊性は保持された。

　このことは、従来の家庭科教育と完全にたもとをわかつものではないが、独自性と特異性を帯びたCESFの新たな職域と職業性が徐々に形成されたと言えるだろう。

3．アクターの動態

　家庭科教育が、ソーシャルワークの領域の中で社会・家庭経済として生まれ変わったきっかけは何であったのだろうか。

　上述したように、元々のモデルにこのような進化・変遷の芽が内在しており、また、人口構成、経済・社会状況の変化、消費の位置付けの変化により家庭科教育の変身を余儀なくする力が働いたと言うこともできるだろう。

　しかし、もともと潜在性や機能上の不整合性があるからといって、それによって実際に変化が起こり、さらにそれが成功するとは限らない。このような移行のプロセスが上手くいかなかった場合、職業が立ち消えてしまうことも起こり得る。変化が実際に成し遂げられ、潜在性が現実となるためには、アクターが現実を正しく把握することが重要となる。

　ここで試みようとするのは、職業の動態を分析し、職業が絶えず脱皮し生まれ変わる原動力となった戦略やダイナミズムを明らかにすることである。

　CESFという職業はこの先も進化し続け、その歴史も順次、新たに塗り替えられていくだろう。ここでは単に、一定数の公的機関を支えとし

ながら職業集団が演じた役割を強調するにとどめる（Sigogneau, 1986）。

　まず、国が1959年に私立教育機関に対する支援に関する改革を行った際、家庭科教育を技術教育とみなすことを拒否し、同時にその運営助成金を廃止した。これをきっかけとして、BTSの資格が創設されるきっかけとなった。家庭科学校および家庭科教員養成校は、改革なくしては消滅の危機に追い込まれる状況に陥り、「社会－家族生活－芸術イニシエーション」と呼称された新しい教科の枠において、地方公共団体の職に就くための職業適性証書（CAP : Certificat d'aptitude professionnelle）を取得するための技術教育の枠に入るか、サービス業免状のどちらかの選択を迫られた。

　同時に、社会保険全国金庫会長のラロック（Laroque）が第5回目の家庭科教育国際連盟大会の席上で表現したように、家庭が「消費する企業」となっていったという変化を受けて、社会保険金庫（Caisse de Sécurité sociale）はその養成センターを閉鎖し、同センターの管理職は福祉センターに異動した。

　こうした動きに際し、「社会・家庭経済」ならびにCESFという職業の特殊性について掘り下げた考察を行うことが余儀なくされ、社会保険金庫は新たなプロフェッショナリティを模索、準備する場所となり、長きにわたりCESFの主要な雇用主となった。

　しかしながら、最終的にはこの変化への適応に見事に成功したのは家庭科教員自身の努力によるものであった。確かに、家庭科教育の領域においては緊張が高まった。とりわけ、新たに制定された法律の逆風を受け、自らの職業の存続が脅かされることを感じ取った教員幹部養成学校の友好委員会においては、自分たちの職業を擁護するコーポラティズム的な動きも試みられた。

　転身や転職が思うようにいかない家庭科学校の教員も多く見られ、1970年初頭になってもなお、『家庭科教育手帳』には改革反対の立場を表明した記事が散見された。

　一部の家庭科教育の教員は、1960年代初頭に、家庭科教育課程の内容、

形式や考え方が現代の女性と家庭の問題に対応できるものではないとして、社会的側面の重要性について力説し、教育課程の見直しを求めて活動を起こした。

こうして、家庭科教員に対する再教育課程の内容は、ユーザーに関する知識と社会的支援介入に関連した教科が大勢を占めるようになっていく。

家庭科教員の有資格者の就職先が多様化してきたことを受け、この活動に参加した教員は、養成課程の内容を大きく見直すばかりでなく、転職方法についても考慮すべきであることを示唆している。

1960 年代末に、家庭科教員連合が国民教育省ならびに社会福祉担当省に対して動議を提出したが、これは職業団体の戦略と影響力の大きさを証明するものと言える。この動議の内容は、「社会・家庭経済」の免状の創設を要求し、他の社会・教育関連の職業と同等の評価の認知を求めるものであった。

動議の内容は次のとおりである。

「就職先の領域、業界を問わず、われわれの職業における優勢的性質は『社会福祉』的なものであり、これに鑑みると、他職種のソーシャルワーカーが目指すものと同様の観点において、養成課程を見直す必要が生じる。（中略）われわれは、経済・社会発展を支援する職業として認知されることを望み、これらの役割を全うするに足る資金が得られるような予算の割当を受けるべきである。」

『家庭科教育手帳』においては、将来的な考察も行われた。家庭科教育国際連盟（Fédération internationale de l'enseignement ménager）のフランス支部大会では、彼女らの職業において生じている様々な変化が明示されたと言える。たとえば、家族手当金庫（CAF：Caisse des Allocations Familiales）と農業共済金庫（MSA：Sécurité Sociale Agricole）が参加した 1966 年の大会では、CESF の役割が定義され、その介入業

務は次のように明確に定められた。

　すなわち、シャンブレットは次のように述べている。

　「CESF は自らが有する経済・社会に関する実際的な知識を活用し、クライアントに伝えることによって、家庭の日常生活において生じてくる様々な課題を解決することができる。これが CESF の第一の目的である。これに加えて、クライアントの自己実現と社会生活への包摂を促すこともその使命である。」（Chambrette, 1980）

　過去との決別のきっかけとみなされた 1970 年の大会では、この役割が更に明確に示され、ソーシャルワークにおけるクライアントの拡大と新たな方針が宣言された。1971 年の『社会・家庭経済の手帳』（*Cahiers de l'économie sociale familiale*）と改称されたレポートでは、次のように述べられている。

　「住宅および住居におけるわれわれの役割の様々な面を更に明確にしようと試みた。第一には、介入の対象となった家庭やクライアントが自らの希望を表明できるように手助けすることである。われわれはまずクライアントに対して、本人自らが営む生活様式を分析する手立てや能力を与えることができなければならない。」

　ソーシャルワークの新たな領域および CESF の新しい呼称について、職業団体は新たな定義を打ち出すことが必須とされた。実際、業務のタイトルが公的に認知されるにはまだ道のりが遠く、さらに、他職種のソーシャルワーカーや潜在的なクライアントや雇用主からも十分に認知されているとは言い難い状況にあった。

　これまでに見てきたように、CESF の介入の対象が多岐にわたっているとはいえ、CESF の肩書から業務を思い起こすように、肩書と業務の間に整合性をつけることがなおも必要とされたのである。

　1970 年代および 1980 年代には、CESF に対して門戸が開かれたばかりのソーシャルワークという分野に対して、全力投球し、多様化するという戦略がとられた。CESF の就職先は、ある時期までは家族手当金庫（CAF）が最も多く、家庭を中心とした業務活動がその大半を占めていたが、1980 年代以降は徐々に多様化していった。

　社会福祉関連の職場が依然として過半数を占めてはいたが、身体障害者受入れ施設や高齢者施設、緊急宿泊所や社会復帰センターなどの専門施設における採用も増えてきた。また、家計教育や社会参加に関する介入などの数も増え、CESF の業務活動が変容していく姿が浮き彫りとなった。

　しかしながら、CESF のソーシャルワークの領域における介入の正当性については、まだ完全に認知されたとは言い切れない状態にあった。1980 年代末から 1990 年代初頭にかけて、他職種のソーシャルワーカーと同等の地位を社会に認知させることが優先課題となった。

　このような CESF の社会的地位の問題は、最終的には解決された。しかし 1990 年代まで、CESF は公務員としての採用時においても、民間企業の労働協約においても、特別な職位や地位を付与されておらず、雇用条件として「家庭科教員」としての職位と給料を提示する雇用主もあれば、エデュケーターに準じた条件を提案する雇用主もあった。

　しかしながら、エデュケーター相当のソーシャルワーカー職としての職位は、CESF がそれぞれ採用された職場で職業集団として勝ち取ったものである。その後、1992 年に地方公共団体において CESF の職位が盛り込まれたことによって、CESF という職業が正式認知されるに至った。

　多くの雇用主が採用に際した基準として用いる地方公務員の職位に関して言えば、他のソーシャルワーカーと同様に、とりわけアシスタン・ソシアルおよびエデュケーターの国家資格者と同等の職位が CESF に対しても認知されるようになった。

　こうして CESF の職業は社会に認知されるに至ったが、この動きと

並行して、各職種のソーシャルワーカーを非差別化する流れが存在した。そして、それぞれに独自の専門性と使命を持ったソーシャルワーカーの職種間の区別が希薄となり、その専門性がそれほど強調されない方向に進んでいく。

この傾向は、特にCESFにおいて顕著であり、その使命には他職種のソーシャルワーカーが担うものまでが含まれるようになっていく。CESFがソーシャルワークの「ゼネラリスト」とみなされる職業として認知され、正当性が認められるとしたら、CESFは極端に特別な業務の割り当ては受けず、事務業務などの制約からは解放されるはずである。

にもかかわらず、CESFが、エデュケーターが対象としているようなクライアントに特性が見られる事案を担当したり、アシスタン・ソシアルのような福祉的措置の指示を出す行政部署に対して情報を提供するという役割を担ったりすることが見受けられた。

また、CESFに対しても地方公共団体職員の職位が付与されたことにより、将来的に管理職のポストに就ける可能性が開かれた。その一例として、これまではアシスタン・ソシアルが採用されていた「主任」のポストが挙げられる。CESFが管理職のポストにアクセスできるようになったということは、同時に、各職種のソーシャルワーカーが受けた初期教育の違いは注目されず、使命の区別がなくなっていく傾向にあると捉えることもできる。

ただし、現在のところはCESFの絶対数が少なく、さらにCESFという職業が出来てからまだ年月が浅いという事実がCESFに不利に働いている。なぜなら、地方公共団体、医療や福祉施設などにおいて、CESFが責任職に就いている前例がまだそれほどないからである。

4．CESF の新たな挑戦

「社会・家庭経済」の領域に従事する人は、今日に至ってもなお3つの課題に直面している。第一に、他のソーシャルワーカーと支援が交わる領域において、CESF が自らの職域をいかに確保し、保持するかという問題である。

CESF が確固たる地位を獲得したとはいえ、BTS の改革後にもなお、養成課程は二元性を持ち続けている。CESF 養成課程の第3年目である資格取得準備の学年の養成課程のみが実際の職業に直結した性質を持つことを考えると、ソーシャルワークという幹への接ぎ木が完全に成功したとは言えないだろう。

第二に、CESF がソーシャルワーカーへの帰属を強く求めながらも、CESF という職業の特殊性を他のソーシャルワーカーに認めさせなければならない点である。職場において多能的であることが要求され、さらに各県主導の社会的支援介入の方法にばらつきが見られる中で、CESF が持つ特殊性はなおざりにされがちである。

第三に、CESF の就職先や就労方法が多様性に富むようになった中で、CESF という職業のアイデンティティと職業団体としてのまとまりを維持し続けていかなければならないことである。

2009年の改革によって、CESF の国家資格の受験準備を行うカリキュラムが見直され、他のソーシャルワーカーの養成課程との共通項の根幹が太くなった現在、これらの課題に対処する必要性が特に感じられる。各職種のソーシャルワーカー間で、専門性の垣根が取り払われる傾向が高まる中で、CESF 国家資格の特殊性はいずれ消え去る運命にあるのだろうか。

2000年から10年ほどの間に実施された全てのソーシャルワーカー国家資格に関する改革は、教育課程、職業さらにはソーシャルワーカー養成制度そのものの再編や見直しの端緒となるのであろうか。あるいは、

CESF の職業は今後も変わることなく、専門性、職業規範、職業倫理などが現場で認知され続け、それを盾に職業の特殊性が維持されていくのだろうか。

CESF が対象とする分野の妥当性

以下、上述したこれらの課題を、①対象分野の妥当性、②介入状況の管理、③専門性の深化、④職業倫理に関する問いという 4 つの観点から分析する。

職業というものは、その対象分野が厳密に限定されればされるほど、職業のアイデンティティも、職業に属する者のアイデンティティも強化されて明確になる。その反面、対象分野を拡大したり、状況の変化に順応したりする柔軟性もなくなる。逆に、広範にわたる分野を対象とする職業は、幅広い分野に対応できるが、社会的に肯定・認知されたアイデンティティから生まれる安心感は得られにくい。

既に述べたように、社会・家庭経済の分野の今日の状況はどうであろうか。社会状況の変化は本来定義された対象の妥当性に影響を及ぼすものなのだろうか。

「社会・家庭経済」の分野における 2 つの免状である BTS および CESF 国家資格に関連した改革において、職業の定義、対象分野と職業規範が見直され、CESF は「日常生活に関連した領域と社会的支援介入」の 2 つを専門とするソーシャルワーカーであると再定義された。「日常生活に関連した領域」は、対象分野を指しており、「社会的支援介入」は活動方法および方向性を示している。

BTS および CESF が対象とする分野は同一のもので、食生活、医療健康、設備、住居、被服、家計、消費、仕事や余暇などの「日常生活のエコロジー」と呼ばれるものである。

新しい法律によって定義された「対象分野」は以前と変わりがないが、「対象領域」は従来と同じく広範にわたり、それを受けて多様な就労先が想定される。

　ここでは、CESF という職業のゼネラリスト的な特質が認知されているかどうかを問いなおしてみたい。全ての領域と同様、セグメント化していく傾向が見られる領域において、CESF はゼネラリストとして任務の価値が認められるのだろうか。あるいは、１つの職業がこれほど幅広い領域を一手に引き受けようとすること自体が、僭越な行為と受け取られ、逆に職業の信憑性を損なうことになるのか。

　いずれにしても、BTS および CESF 国家資格の改革に関する政令などでは、対象分野の範囲を狭め、より明確な定義付けをするような試みはなされていない。

　改革に関する政令では、「環境」、「エネルギー」、「持続可能な開発と発展」、「生活困窮者の数の増大」や「インターネットでの商品購入」など、新たに出現してきた問題が勘案された上で、単に養成課程の内容が見直されただけであった。

　BTS と CESF の規範における職業の特殊性および有用性とは、消費や住居などに関連した生活の上で生じる課題全体を取扱う能力とされている。なお、消費の中には食料、衣料、家電やサービスなどの物質面と予算、支出の管理などの経済の両面が含まれる。

CESF の具体的な業務

　CESF は教育的な目的を持って、個別的または集団的に日常生活の具体的な運営においてクライアントの伴走を行う。つまり対象とアプローチの方法との間には密接な関連性が認められる。

　CESF の特殊性とは「社会的支援介入」という専門性であり、これは 2009 年の改革においてさらに強調されている。また、対象とアプローチの方法は職業規範において明確に定義されており、アプローチの方法は、任務、活動およびタスクに分けられる。

　任務としては、①日常生活の具体的な領域における科学・技術的な専門知識とアドバイス、②社会経済的および教育的レベルでの個別的・集団的な社会的支援介入、③地域における社会福祉の促進、④福祉スタッ

フ間の連携、指導、教育という4つが挙げられる。

　これらは、社会福祉的観点からの診断、受入れおよび伴走、地域開発に関するプロジェクトの立ち上げ、社会工学および技術工学教育やクライアント・家族が社会的つながりを維持するための個別的支援などの活動や使命をカバーしている。

　同時に、職業の活動空間を定義するものでもある。すなわち、①診断と評価を中心とした支援、②課題解決を中心とした支援、③個人を中心とした支援、④制度的に管理された支援の4つの活動空間が構成される（Ridder, 1997）。

　具体的に見ていくと、CESF は組織において、次のような役割を担う。①プロジェクト考案企画への参加、②プロジェクトの実施および受入れ場所の創設、③クライアント向きの職業復帰研修プログラムの考案企画および福祉的介入者向きの組織に関するアドバイスなどである。

　また、管理運営の面では、①宿泊施設の管理（食事の配給やリネン類の管理、下請契約のフォロー）、②スタッフの管理、組織・機関の事務、財政管理、予算、書類の整理とフォローアップなどに分類される。

　さらに、CESF は直接的支援においてクライアントとその家族に対する個別診断とオリエンテーションを行い、個人支援計画の作成支援、情報サービスの提供、組織・機関利用のオリエンテーションなどによって課題の解決を図る。

　その中には、クライアントの日常生活関連の課題の解決（家計、消費、衛生、住居、行政手続きや福祉措置の権利の見直しなど）を行うことが含まれている。また、これらの業務のために必要なアドバイスや組織・機関との調停や交渉が含まれる。

　CESF が全ての領域に関与していることから、CESF はゼネラリストとして図式の中心に位置付けられる。その実践の状況については第2章で見ていくことにする。

　CESF による課題解決法は、今では、事務的で現場から乖離したものになっていることが推察される。ソーシャルワークの変容は、教育の領

《具体的な業務の図式》

機関・施設

企画－アドバイス

- 機関または課のプロジェクト考案
  企画への参加
- プロジェクトの実施および受入れ
  場所の創設
- クライアント向きの職業復帰研修プロ
  グラムの考案企画および福祉介入者
  向きの場所の設備やオーガニゼー
  ションに関するアドバイス

管理運営

- 宿泊施設の管理（シーツ類や食事の
  配給の管理、下請契約のフォローアッ
  プ）
- 管理、運営、スタッフの管理、組織・
  機関の事務、財政管理、予算
- 書類のフォローアップおよび支払
  い

アドバイス ←

→ **直接的支援**

診断－オリエンテーション

- 個別診断
- 個人支援計画の作成支援
- サービスの提供（情報など）
- 組織・機関のオリエンテーション

課題の支援および解決

- 日常生活関連の課題の解決（家計、
  消費、衛生、住居、行政手続き、福祉
  措置の権利の見直しなど）
- 社会的調停、組織・機関との調停、
  交渉

人

域であっても、家庭の領域であっても、「社会的支援介入」を行うソーシャルワーク全体の変遷と、仕事の細分化を特徴とした領域の組織化に沿ったものとなっている。

　そこで問われるのは、目まぐるしく変化する状況においてこれらの職業を実践、遂行するための専門性、初期教育と職業教育の内容そのものである。

CESF を取り巻く状況の変化

　職業を取り巻く状況は、経済、社会、文化や規則など様々な側面から観察されるが、ここではそのうちの経済、社会および規則に限定して検討する。

　経済および社会の状況に鑑みると、1970 年代半ばから生じ始めた問題は、誕生直後の CESF という職業の正当性と妥当性を証明するものとなった。その後、高い失業率、困窮生活の常態化、貧困率やグローバル化した経済における短期的な観点から、収益率の向上を目的とした製造工場の移転への危惧などに代表される問題は、新たに 2008 年の金融システム危機を経て継続的に存在し続けてきた。

　同時に、年齢や学歴、人種、町や地域における社会変化が円滑に行われないことによって、生活困窮者や家族のさらなる弱者化、人口の高齢化、介護問題、大都市郊外での校内暴力、DV、緊張関係や争い、社会のセグメント化など、リスクをはらむコミュニティ主義が台頭してきた。それに伴い、社会福祉的介入のニーズを増大させるようないくつかの要因がより強調され、新たに顕在化してきた。

　公的機関について言えば、本書で既に分析したように、20 世紀末から 21 世紀初頭にかけて、地方分権化と民間によるイニシアティブが進展したことに伴い、社会的支援介入機関の再編の動向が高まった。

　一方で、家族手当金庫に代表されるような歴史的な事業者の撤退が続いた。この動きと並行して、1999 年の広域自治体関連法によって促進された市町村福祉事業センターの活動を介して、県や市町村などの地方

公共団体が福祉事業活動において優勢となった。

　同法律は、小規模自治体が協働して公共サービスの提供を可能とするものであった。また、特に、臨時宿泊所支援や食料支援活動を行う数多くの民間団体が立ち上げられた。支援サービスを提供する利潤追求型の事業者もこの領域に対して高い関心を寄せるようになり、支払い能力の高いクライアントを有する業界に投資を行うようになった。

　同じ時期に、公的機関は赤字に陥った社会的支援介入の会計に対して厳しい予算管理を行うようになった。予算を縮減しない場合であっても、提携団体に対する助成金やスタッフを減らし、公共部門のマネージメントにおいて企業統治の原則に沿った考え方を導入するようになる。

　1998 年 7 月 29 日に施行された社会的排除対策法（Loi relative à la lutte contre l'exclusion）は、住居、障害者の支援、医療、社会および職業包摂の分野における活動と社会的支援介入に関して新たな方向性を示すものとなった。さらに、2005 年 1 月 1 日に地方分権化が促進されたことによって、福祉事業者としての市町村と県の戦略的な役割が強化され、その権限と管轄が増強された。例えば、積極的連帯所得手当（RSA：Revenu de solidarité active）[注2] は県が全面的に管理するようになった。

CESF の専門性の深化とアップデート

　国家資格に関する改革において最も際立ったのは、「専門性の構築」であった。地方分権化の進展に伴って実施された改革によって、ソーシャルワーカーの養成は地域圏議会が請け負うこととなる。しかし、これらの変革に加えて高等教育制度全体の変容により、ソーシャルワーカー全体の教育課程が根本的に見直されることになった。しかし、これらの動きに起因して数々の懸念が浮上していく。

　2009 年に実施された BTS と CESF 国家資格の見直しおよび改訂によって、CESF の国家資格の位置付けに関する疑問が生じた。時期をほぼ同じくして、2004 年のアシスタン・ソシアルの養成課程の見直しを

皮切りに、他職種のソーシャルワーカーの養成課程も順次、見直される
ことになる。

　多くの関係者からは、この改革は暫定的なものであり、ソーシャル
ワーク職の再編を先取りするものとみなされた。なぜなら、2000年に
実施された改革は各職種のソーシャルワーカー間の共通項を増強し、個
別介入と集団介入において同一のアプローチを用いることが強調され、
各職種のソーシャルワーカー養成課程の間の橋渡しを容易にしようとす
るものでもあったためである。

　しかし、ソーシャルワーカーが受けた初期教育よりも、後に習得した
経験の方がクライアントに評価されるようになった結果、各種のソー
シャルワーカーの特殊性は失われていく。このことは、CESFという職
業のアイデンティティにも影響が及ぶことになる。

　「社会・家庭経済」を専門分野とするBTSおよびCESF国家資格は、
国民教育省による後押しを受けていたとはいえ、それを支持しない教員
も数多かった。「社会的支援介入」についての専門教育は、CESF養成
課程の第3学年目に集中し過ぎており、しばしば修得レベルが不完全と
なり、実習における水準も不十分である可能性が指摘された。

　さらに、BTS資格取得後にCESF国家資格の取得準備に移行する段
階において、学生は一種のカルチャーショックを受けて、動揺しかねな
いと評された。その理由として、わかりやすく言えば、BTS養成課程
はあくまでも学業であり、理論教育であるのに対し、CESFの資格課程
はグループワークなどの実習と理論の学習を交互に行うためである。

　こうした状況を見ると、BTSとCESFの2つの養成課程と概念はお
互いに対立しているかに見える。さらに言うと、ソーシャルワークの教
育課程には一種の緊張関係が内在するのではないかと問われる。

　既に述べたように、この緊張関係は、社会・家庭経済の分野の歴史を
通し一貫して見られる。特に、技術的な知識を土台として資格を得るよ
うな技術的アプローチと、帰納的方法と実践に基づく適性と専門性を取
得する職業的アプローチの間にもこの緊張関係が確認される。

CESF 養成教育の今後

　複数のソーシャルワーカーの国家資格（アシスタン・ソシアル、エデュケーター、CESF など）に関する改革が完了し、複数の関連政令と関連省令が発令された。これによって、これまで国家職業認定総覧（Répertoire National des certification professionnelle）において、それまで第 3 等級（高等学校卒業免状取得に加えて 2 年間の養成課程で習得される資格）に分類されていたこれらのソーシャルワーカー国家資格が格上げされ、大学の学士相当となり、フランス国内および EU 諸国の大学への転学が可能となった。

　ヨーロッパ諸国間の国家資格の平準化が議論されている状況や、看護師資格について行われた改革ともあいまって、この問題は関心を引く話題であった。しかし、少なくとも高等教育システムにおけるソーシャルワーカーの養成課程が、将来どのような方向に向かうかによって左右されるだろう。

　スイスをはじめとするいくつかの国に存在するようなソーシャルワーク専門高等教育機関のように、ソーシャルワーカー養成機関は再構築され、その領域の自律性が維持されていくのだろうか。あるいは現行のソーシャルワーカー養成校が学部の 1 つとして大学に吸収され、ソーシャルワーカーは大学の学士を取得するという道筋をたどるのだろうか。

　いずれにしても、BTS が高校担当局の管轄ではなく高等教育局の管轄下に置かれることになったのも、単なる偶然ではないだろう。

　このようなソーシャルワーク職の再編が、「簡略化」、「合理化」並びに「再評価」の名の下に行われるのだとすれば、それは「社会的支援介入」の業界を根本から揺るがすものとなるだろう。というのも、このような再編においては、専門性だけではなく職業の軸となる倫理規範までもが大きく変わってしまうからである。

対立する CESF の職業倫理と雇用主の論理

　職業規範においては、倫理および職業倫理についてはほとんど言及さ

れていない。2009年に規定された職業規範には、「ソーシャルワーカーとしてのCESFの特殊性に照らし、倫理に則り介入すべきである」ことが記述されているのみである。

とはいえ、同規範ではクライアントの独立性と自発的な参加が尊重されるべきであることが強調されている。CESFは、他職種のソーシャルワーカーに比べて職業倫理を主張することの正当性についてどこか躊躇しているかのように見受けられる。ここでいう正当性とは、CESFの職務活動から得られる特殊な知識をベースとした、社会福祉の観点から「善かつ有益」と言えるような職務を行うことの正当性を指す。

CESFの職業倫理そのもの、つまり日々の活動や具体的業務の指標となる原則や規範は、必ずしも確実に存在するようには見受けられず、ときには職場の都合に応じて妥協したり、融通を利かせたりできる程度のものであるという印象も受ける。

このような状況は、CESFまたはその職業が、雇用者の受けがいいということに寄与しているが、一方で、他職種のソーシャルワーカーがCESFに対して疑念を抱く理由ともなっている。

今日に至っては、CESFの職業論理よりも、CESFが働く組織の論理が優先される傾向がさらに顕著になってきている。つまり、「社会的支援介入」の規範の方向付けの権限は、もっぱら雇用主側の手中にある状況と言える。特に、地方公共団体は単なる技術的レベルでの介入しか行わなくなり、ソーシャルワーカーを単に「作業を執行する技術者」とみなしているようにも思える。このCESFを「非専門職化」するプロセスは、ソーシャルワーカー全体に悪影響を及ぼすものである。

このような傾向を踏まえれば、CESFの養成課程を受け持つ行政が、問題提起を行うことは、まったく意味がないとも言えないが、行政は検討すべき原則および職業規範については無言のままである。それが示唆することは、職業規範の整備には職業団体自らが取り組まなければならないということなのであろう。

ところが、それを主導すべき団体であるフランス社会・家庭経済団体

への CESF の加入率 は 10% 前後と低く、その上、加入率の地域間格差も大きい。

　一方で、1980 年代に起こった経済危機によって、「新しい形の社会的支援介入」が促進され、もう一方で、地方分権化に伴う制度改革が行われて、ソーシャルワーカーの採用枠が「社会教育アシスタント」という一般名称で括られる動きも出てきた。

　こうした状況において、ソーシャルワーカーへの帰属を望む姿勢と、ソーシャルワーク間での差別化を望む姿勢の間での緊張が高まっている。実際は、ソーシャルワーカーを全て同列に扱うこのようなプロセスは、県議会においても、家族手当金庫のような従来からの主要な雇用主においても、道半ばのまま果たされなかった。

　ソーシャルワークの職種間での差別化においてより重要となるのは、介入領域や社会的な有用性よりも職業規範体系と価値体系なのである。

　しかし、同時に、このような CESF のプロフェッショナリゼーションによって、CESF が「社会的支援介入」の業界再編の中心に位置付けられるのではないかと問うこともできる。

　CESF は社会的認知を得たソーシャルワーカーであり、安定したプロフェッショナリティと「社会的支援介入」の新しい職種の間を繋ぐ中心的存在となるのではないだろうか。

　CESF の新たな職場としての低家賃住宅公社において、「社会福祉アドバイザー」と改称された係争担当者と CESF が協働して業務に従事する場合などを分析すると、このような仮説が成り立つだろう。この仮説に立つと、CESF はこれらの新しい職種の模範となり、存在の正当性を主張できるようになると言える。

　1960 年代において、多くの人がゆくゆくは消滅してしまうだろうと予測した職業である家庭科教員は、その後、数奇な運命をたどりながら返り咲いた。それは、CESF が他のソーシャルワーカーよりも早くその存在を主張し、自ら変容を遂げ、状況に順応して生まれ変わる必要性に迫られたことが効を奏したことによる。

つまり、生活困窮者の増大、家計管理の問題、多重債務問題、銀行口座およびローンの問題、失業に端を発した社会復帰および職業復帰の問題などの現象が顕在化してきた状況に対し、CESF はいち早く適応できたのである。

　さらに、CESF の素早い適応が可能となったのは、次の社会状況をも背景としていた。すなわち、福祉国家の危機、雇用機関の論理が職の論理をしのぐ傾向、雇用市場の変化、予算の縮減、職場の効率と査定考課、公的機関の管理運営定款による制約、公共政策全般の見直し、新規の官民事業者との競合などの問題が露呈してきた社会である。

〔注1〕家族手当金庫は全国と各県の家族手当金庫からなり、子ども等のいる家庭への現金給付と保育サービス等の現物給付を行う。
〔注2〕積極的連帯所得手当については第3章の注1を参照。

第 2 章

変化する社会状況と
CESF の就職と職場

CESF の就職については、安定的雇用、給与所得者のポスト、無期限雇用契約やフルタイム業務など、それまでになかった状況が出現してきた。それでも、安定した長期雇用に就ける保障が得られにくい社会環境において、CESF は他職種のソーシャルワーカーと同様、雇用市場において比較的優遇されていると言える。

しかし、それ以上に、経済・社会環境の変化と制度改正によって、CESF の就職先にも雇用主にも大きな変化が生じている。

そこで、まず、ソーシャルワークの分野に大きな影響を及ぼし、他職種のソーシャルワーカーとの関係性に変化を与え、その活動分野と介入方法を変え、従来からのクライアントの構成にも影響を与えた大きな変化の波について述べる必要があるだろう。

若い CESF がこれからキャリアを築いていこうとする現代は、CESF という職業が出現して以降大きく変容しているのである。

1．近年における社会状況の変化

　ここ数年間に生じた、経済・社会面、並びに制度・法制面における大きな変化による影響は、他職種のソーシャルワーカーと同様、CESF にも及んでいる。特に 2008 年秋の経済危機では、あらゆる業種業態が打撃をこうむり、ヨーロッパ全体が 1945 年以来、最も深刻かつ長期化した不況に見舞われた。この不況は雇用にも直接的な大打撃を与え、経済活動の鈍化により世帯所得が減ったり収入源が途絶えたりした。

　貧困および社会的排除に関する国立観測所（ONPES：Observatoire national de la pauvreté et de l'exclusion sociale）は、これらの減収世帯や無収入世帯は、生活条件において深刻な貧困リスクに直面しているとしている。既に、この経済危機が起こる数年前から住宅問題を抱える人、若年失業者、長期失業者や多重債務者の増大が問題として浮上し、常態化していた。そこに不況の影響が輪をかけ、福祉事業を手掛ける福祉課や民間団体では、生活困窮者やあらゆるタイプの支援要請（食料支援、光熱費支払い支援、住居連帯基金の活用など）が増大していった。

　2000 年以降、雇用市場の脆弱化と並行して、家計において圧縮できない固定費（租税、保険、住居費等）が値上がりし、生活に困窮する世帯が出てきた。つまり、これまでかろうじてやりくりができていた世帯の家計に不況が拍車をかけて、生活が立ちいかなくなったりした。こうして、これまで何とか貧困に陥らずに済んでいた家庭が福祉事業の新しい利用者となり、積極的連帯所得手当[注1]の受給者数が増大した。

　すなわち、ワーキングプアと呼ばれる労働者や年金生活者など、自らが得る収入では生活費をまかないきれない人、不安定な給与所得者（派遣労働者、フルタイムの求人がなくパートタイムに甘んじる人、支援付き契約労働者など）、さらには社会的に包摂されない移民、実家と疎遠になった若者、身体障害者、精神障害者や要介護高齢者などの健康上の問題を抱える人などが積極的連帯所得手当の利用者となっている。

　ソーシャルワーカーらによれば、メディアに大きく取り上げられたこの経済危機により、これまで援助を受ける意志のなかった生活困窮者が、援助を申請するために福祉担当窓口を訪れるようになっているという。このような傾向は、何年かのあいだかろうじて自力で生活してきた人たちの生活がいよいよ立ちいかなくなってしまった証だという。

　こうした支援要請の第一歩を踏み出したきっかけは、心理的な要因なのだろうか。あるいは実際に生活破綻が回避できない状況だったのだろうか。それを正しく把握する必要がある。

　過去数十年来、既にポーガム（Paugam, 1996）やコーエン（Cohen, 1997）が指摘してきたように、その規模や影響が底知れず、収束時期も見通せないこの経済危機によって、社会的排除のメカニズムがさらに深刻化した。

　その結果、「福祉および連帯経済」を支える活動団体が次々と組織され、新たな形での社会連帯が誕生する環境が作り出された。

　こうして、社会的介入と経済活動との境界線上で行動を起こし、社会参加を表明するような新たな活動団体であるエピスリー・ソシアル[注2]や相互扶助のためのネットワークなどが出現した。また、一部では、従来の社会的伴走と合わせ、社会復帰のためのマイクロクレジット[注3]などを活用する新たな介入方法も登場し、ソーシャルワーカーが活用するツールの幅が広がる契機ともなった。

　さらには、人に対する支援のニーズが増えたことにより「福祉型ヘルパー」の数も増えてきた。この中には、業務としての支援、家族間での助け合い、ソーシャルワーカーやボランティアが含まれる。より一般的には、このような団結・連帯に関する新しい実践によって、「従来の社会的支援介入」にも変化が見られるようになった。

　そこでは、国、家族や団体などそれぞれの主体が演じる役割と新たな連帯政策について考察がなされる機運が生まれた。

　また、上述した経済・社会の大きな変化は、伝統的な社会や生活様式が大きく様変わりする中で起こっている。家族形態の変化、離婚件数の

増加や家族構成の変容などによって家庭が脆弱化するだけでなく、家族という概念が年々薄れ、従来のモデルにおいて家族を軸に行われてきた行動の輪郭がぼやけてきた。

「家庭経済」という概念もまた、はっきりとした対象が見えにくくなってきた。これらの変化は、個人の価値観やシステムも大きく転換し、家計管理における従来通りの基準や規範が必ずしも有効とは言えなくなっていることに由来する。

人口の高齢化については、要介護高齢者をいかに支援するかが喫緊の課題である。こうした問題意識は、要介護者問題を国が負担すべきかどうかを問う社会保障に関する法案にも現れている。社会階層間において程度の不平等性が見られるとはいえ、長寿化がコンスタントに進展している状況は、国民全体に関わる問題となっている。

人口の高齢化、医学の進歩、高齢者の自宅介護を優先視する考え方や医療費の節減傾向などによって、家族が直接に公衆衛生に関する施策の影響をこうむり、自宅介護を促す施策によって「家族介護者」が重要な存在となってきている。

このような中で「家族介護者の支援」に関しては、財政的支援に留まらず、例えば、デイケアセンターやショートステイ施設などの介護家族の負担を軽減する仕組みを始めとした他の支援策が考案されるべきである。

社会的支援介入機関の再編

2000年初頭以降、「社会的支援介入」を行う機関においても再編の動きが見られる。2003年から2005年にかけては地方分権化の動きに伴い、福祉事業の実施主体が国から地方公共団体に移行していった。その領域は、主に児童支援、障害者支援、高齢者支援、社会復帰および職業復帰や住宅支援であった。より近年では、積極的連帯手当をより広く行き渡らせ、職業復帰政策を強化する法律によって、職業復帰指導における県議会の役割が強化された。

家族手当金庫の業務の変貌

　同時期に、福祉事業において市町村が果たす役割も増大した。広域自治体の協働事業による公的施設創設を促すために「市町村に利益をもたらす福祉事業」と呼ばれる特殊オプションの権限を認める社会連帯法が2005年に制定され、市町村による福祉事業への投資が増強された。

　これらの権限は、今日、主に乳幼児、児童および高齢者支援の領域で有効に活かされている。しかし、これらの領域以外にも、医療、社会的排除の予防や雇用に関してイニシアティブを取る地方公共団体の数も増え続けている。

　このように、福祉事業において地方公共団体が主導権を取るようになるにつれ、福祉事業において長年来大きな役割を担ってきた家族手当金庫のような事業者が次第に福祉事業から手を引くようになった。アンスランによると、家族手当金庫における福祉事業は、ソーシャルワーカーの支援と貢献によって発展を遂げて、「家族担当課の花形的存在」となった。しかし、過去10年の間に大きな変化の波を受け、家族手当金庫は現在、県議会の所轄となった使命を改めて組織内で位置付け直すことを余儀なくされた（Ancelin, 1997）。

　さらに、ルノダによると、既に1980年代半ばから始まった家族手当金庫による「社会的支援介入」の使命の見直しは、過去10年間で加速していく（Renaudat, 2001）。

　また、クライアントおよび介入領域の再定義、新たなパートナー関係や児童支援、余暇、福祉センターのプロジェクトの推進など契約政策における定義や内容が見直された。そして、家族手当金庫による「社会的支援介入」は、実施方法、アイデンティティや特殊性において進化し続けている（Avenel et Cathelain, 2009）。

　家族手当金庫による介入は、個別の介入から離れ、次第に地域レベルでの福祉事業の発展に向かっていく。さらには、親の支援や家庭崩壊の予防を主軸とする家族および家族手当に関する業務の延長線上に位置するものとなっていった。

法改正と福祉団体の増加

　公的機関の再編以外に目を向けると、住宅、宿泊所、児童保護、福祉医療や職業包摂の分野における介入の主な事業者は、民間団体となってきた。今日においても、なお、ホームヘルパーの領域においては、新たな団体や機関が創設されるなど活発な動きが見られる。

　医療・福祉民間機関全国連盟（UNIOPSS：Union nationale interfédérale des œuvres et organismes privés sanitaires et sociaux）が 2009 年に実施した調査では、あらゆる分野の民間団体全体における雇用のうち、福祉および医療福祉の分野における雇用が過半数を占めている。

　2010 年 1 月に施行された公共政策の全般的な改訂（RGPP：Révision générale des politiques publiques）では、地方分権化された国家機関に大きな変化をもたらした。公的機関の近代化を目指した地方行政改革により、県衛生福祉事業局（DDASS：Direction départementale des affaires sanitaires et sociales）および地方衛生福祉事業局（DRASS：Direction régionale des affaires sanitaires et sociales）は廃止され、代わりに地方医療局（ARS：Agence régionale de santé）および県社会連帯局（DDCS：Direction départementale de la cohésion sociale）が創設された。

　このような公的機関の再編に伴い、福祉事業や医療福祉の分野に関する数多くの法律が制定され、これらが CESF の職務条件にも直接・間接的に影響を及ぼした。

　福祉事業などの分野は、過去 30 年間に渡って大きな変化も見られず安定していたが、2002 年から現在（2011 年）までの 10 年間に新たに制定された法律規則の数は、1945 年から 2002 年までの 57 年間に策定された法規則の数を上回っている。

　以下、ソーシャルワーカーの雇用条件および介入方法に変更を来す可能性のある条文の主だったものを挙げる。

・〔2005 年 2 月 11 日〕
　「権利および機会均等・身体障害者の参加および市民権に関する法律」

・〔2005 年 7 月 26 日〕
「人へのサービスの拡充および社会的集団のための各種措置に関する
　法律」
・〔2007 年 3 月 5 日〕
「対抗可能な住宅への権利を制定する法律」
・〔2007 年 3 月 5 日〕
「児童保護を改革する法律」
・〔2007 年 3 月 5 日〕
「成人の法的保護の改革に関する法律」
・〔2008 年 12 月 1 日〕
「積極的連帯所得手当を一般化する法律」
・〔2009 年 3 月 25 日〕
「住宅のための動員および社会的排除対策法」
・〔2010 年 7 月 1 日〕
「消費者金融を改革し、多重債務者の伴走方法を再定義する法律」

などである。

変化を強いられた CESF の職業

　こうした変化は、CESF の職業に大きな影響を及ぼし、そのクライアントと介入領域や職場の種類にも変化が見られた。そして、結果として、職域が近接して多かれ少なかれ CESF の「競合」となる新たな職業が生まれる契機ともなった。

　まず直接的な影響として、CESF のクライアントに大きな変化が生じた。前述した通り、1960 年代には社会・家庭経済の分野のクライアントの大半が学校の生徒および青少年であったのが、その後、主に成人女性に変わってきた。

　その後、雇用、貧困や生活困窮者の問題が深刻化するにつれ、CESF のクライアントは多種多様化した。このような状況を背景に、対象者が

従来の「女性」から「あらゆる市民」に広がり、内容も単発的な課題の解決から構造的な問題を抱える人の支援に移行していく。

　こうして CESF が担う任務は、予防的な活動から次第に離れて対症療法的なものに主軸が置かれた。すなわち、積極的連帯手当利用者、若年失業者、無収入の一人親世帯、債務を抱えた家庭や住居からの強制退去者などで、その特徴別にグループ分けされたクライアントに対して介入が行われるようになった。

　今日においても、さらに新たにクライアントに次の2点の変化が生じている。

　1点目は、経済的包摂、職業包摂がなされたとしても、必ずしも生活困窮から抜け出せるとは限らず、職に就いていても低所得あるいは収入が不安定であるがために生活不安を抱え続ける「ワーキングプア」層の存在である。

　このカテゴリーに属するクライアントについては、伴走に際し「計画（プロジェクト）」という概念は疑問視され、家計管理や収支バランスに関する指導が見直され、CESF の介入に際してどのような目標を立て、どのような伴走をすべきなのかが問われる。

　「ワーキングプア」層に分類される人々は、普通の生活を送るには所得が低過ぎ、かといって、現行の社会福祉支援の受給適格者となるには所得水準が高すぎるというジレンマを抱えているのである。

　2点目には、CESF の介入領域に関する影響が挙げられる。経済・社会環境の変化に伴い、CESF が介入する領域は、特に、高齢者や障害者、社会連帯経済や持続可能な開発・発展などに移行している。これについては後述する。

乱立する「社会的支援介入職」

　また、上述した法制度の進化により、公権力と福祉事業者の間の関係性も大きく変化し、他職種のソーシャルワーカーと同様に、CESF の介入領域にも影響を及ぼしている。これまでは、民間団体としての福祉事

業者と公的機関の間の財政的関係は、複数年の協約規定に基づいていた。

　しかし、現在はプロジェクトの入札を介して契約が締結されるようになり、民間事業者はパートナーというより公的措置の業務を実行するサービス業者としての役割を担うようになった。この傾向は、予算の縮減と採算性への関心の高まりが背景となっており、民間事業者は恵まれないクライアントの「社会的地位の向上」を目指す業務を行うというよりも、クライアントの「待ち行列」をいかに効率良くさばき、管理するかに腐心することを強いられている。

　このような「（クライアントの）大人数を一括りにした」方法によって、ソーシャルワーカーは、「時間的に管理され、評価の義務を課せられた介入」を行うようになっていく。

　また、社会福祉政策を導く概念の中には、ソーシャルワーカーの職業規範に抵触するものが現れた。CESF は日々の業務においても、職業倫理においても、これらの状況をなす個々の要素に対して、何らかのリアクションをしていかなければならないことになる。

　さらに、応急的ニーズに対応するために、いわゆる伝統的な「社会的支援介入」を行う職業（エデュケーター、アシスタン・ソシアル、CESFなど）と並行して、次第に新たな種類の雇用が創出された。

　1999 年以降、省庁間研究ミッションがソーシャルワークに関する調査を行ったところ、新たな社会福祉政策の領域において活動するのは、旧来からのソーシャルワーカーに限定されないことが鮮明となった。同調査では、ソーシャルワーカーではない新たな職業もこれらの問題を取り扱うようになったことが明らかになった。

　このように、ソーシャルワークの領域で活動する職業の数が増大する現象は、既に 20 年前から見られたが、1998 年に様々な任務において「若年者雇用」を優遇する政策が取られて以来、「医療サービス仲介者」、「在宅アシスタント」や「マルチサービス伴走者」などの職がさらに増えた。CESF はこのような「付属的な」職業や「競合」するとされる職業と共存しながら仕事に従事することを余儀なくされた。

2．CESF の雇用主と介入の領域の変化

　CESF が働く職場について把握するには、雇用主（地方公共団体、公団住宅公社、民間団体、家族手当金庫など）のタイプに焦点を当てる方法と、介入領域（住宅、社会包摂、医療、身体障害など）を分析する方法との二通りのアプローチが可能である。

　全体を網羅する情報がないとしても、これらのアプローチを合わせて詳しく見ていくと、CESF の就職先について比較的正確な実態と将来像が把握できるだろう。

雇用市場の再編——従来からの雇用者と新たな雇用者

　CESF という職業は、アシスタン・ソシアルと並んで業務内容と雇用主が最も多様性に富む職業と言うことができる。ただし、アシスタン・ソシアルの大半が公共部門で働いているのに対し、約1万人いる CESF のうちの6割が民間団体に勤め、公的部門を職場とする CESF は全体の4割に過ぎない。

　CESF のネットワークや養成機関などが実施した複数のアンケート調査によって、過去10年に起こった CESF の雇用市場の再編と、CESF の専門性を必要とする「将来性のある」新たな雇用市場と新しいタイプの雇用主が鮮明にされている。

　この20年近く前に実施された雇用者数に関するアンケートでは、当時の CESF の潜在的雇用主のタイプの概要が示されている。CESF の採用数が最も多かったのは民間団体で、3分の1余りの CESF の職場となっていた。

　その後、養成校と共同で実施された2005年のインタビューなどによると、CESF の雇用に影響を及ぼした変化が確認された。

　雇用者数が最も多かったのは、民間の医療機関や団体で、地方自治体による CESF の採用が増え、住宅関連の雇用者（HLM〔低家賃住宅公

CESF の雇用者数に関するアンケート（1990 ～ 92 年）

(%)

	1990-91 年の卒業生[1]	1992 年の卒業生[2]
1- 医療および福祉関係の民間機関およびアソシエーション	34.9	8.3
2- 初期教育および公的教育機関	12.8	14.0
3- 県議会	8.2	12.4
4- 家族手当金庫（CAF）および農業共済（MSA）	14.0	11.6
5- 市町村福祉事業センター（CCAS）	9.3	9.1
6- 民間教育機関（アソシエーション）	11.7	6.1
7- 低家賃住宅公庫（HLM）、公団住宅、PACT-ARIM、OPAC など	4.6	5.2
8- 企業（SNCF＝フランス国鉄）の社会福祉課	1.1	2.2
9- 病院	1.1	1.1
10- 雇用公共サービス	2.3	
総　　計	100	100

1　35 の CESF 養成機関における 1990 年および 1991 年の国家資格取得者に対するアンケートより。
2　1992 年の国家資格取得者。CESF 養成機関において把握、集計された状況。

＊　1992 年の卒業生の欄には数値未記載部分があるが原著の通りに掲載した。

社〕、PACT-ARIM〔保護・改善・保存・改築－不動産の修復活動団体〕）などにおける採用も増えている。

　これに対し、教員に採用される CESF の数が減少していることが示された。1990 年の CESF 国家資格取得者については、教育機関に就職する CESF の数が全体の約 12％だったのが、2000 年代半ばにはごく少数に限られている。現在、この部門の職務に就く CESF の業務内容は進化し、CESF が旧来の家庭科教育において教鞭をとることはなくなった。

　これ以降、大規模な調査は行われていないが、もし実施されていたと

すれば、雇用主に関する5年間の変化を比較することが可能であっただろう。

　2006年から2007年にかけてフランス社会・家庭経済協会が現役のBTSとCESF国家資格者1,104人に対してアンケート調査を実施したところ、CESFの主要な雇用者と将来性の高い職業部門に関して非常に興味深い結果が得られた。

　同アンケート調査結果では、CESFを採用する雇用主が多様性に富むことがわかる。採用人数が最も多いのは民間の医療福祉関連機関であった。これらの機関は非常に多岐にわたる領域において介入を行っている。中でも、特に多いのは、福祉的宿泊施設と社会的包摂関連の活動を行う団体である。

　過去数十年には、宿泊・社会復帰センター、母子受入れセンター、積極的連帯所得手当利用者のフォローアップなど、生活困窮者の社会復帰を担当する宿泊施設や団体でのCESFの採用数が増え続けている。

　しかし、若者の自立支援のための市町村委員会、ローカルミッション、若者向き住宅などの伴走団体などでの採用も増えている。他に、CESFの採用数が増加している職場としては、社会福祉住宅公社などが挙げられる。低家賃住宅公社は、「福祉担当部」を社内に設け、「社会福祉アドバイザー」の肩書でCESFが従事している。

　また、現在では、後見人サービスや高齢者および障害者や高齢者の宿泊施設、ホームヘルパーや社会生活の伴走サービスなどの、新たな機関・施設が台頭してきている。特に、専門特化された施設におけるCESFの採用は大きく伸びている。

　CESF養成校の責任者によれば、成人、青少年、児童を含む障害者ホームにおける採用も増えているという。また、シルバー世代のための団体におけるCESFの雇用ニーズも高まっているという。CESFの知名度、認知度が高まったことによってCESFが責任あるポストにつけるようになった。

　さらに、上述した社会・経済的状況の変化に関連し、「普通の社会生

活をしている人たち」も食料支援を必要とするようになった。その結果、新しいタイプの雇用主が現れた。また、個人を相手とした社会福祉活動と集団的な社会連帯の活動の間をとりもつ新しい活動方法も創設された。

　その新しいタイプの雇用主の一例として、エピスリー・ソシアルを挙げることができる。エピスリー・ソシアルの活動においては、クライアントへの伴走、家計や食生活を主軸とした指導業務など、その内容がとりわけ CESF に固有の専門性に合致している。

　エピスリー・ソシアルは、CESF が責任者を務めている場合が多く、市町村福祉センター、地域団体などによって運営されている。エピスリー・ソシアルでは、従来の食料支援とは異なり、少額を支払って売場から自ら好みのものを選択して買うことができ、調理のワークショップを介して栄養学を学ぶきっかけを作ることも可能である。また、利用者に対して「食事の楽しみと消費方法の選択を推進する」ことを目的としている。2001 年に創設された連帯エピスリー・ソシアル振興全国協会は、2009 年現在、26 人の職員のうち 6 人が CESF であった。

　医療・健康関連機関では、社会福祉センターのみが CESF の採用を制限しているように見える。もともと社会福祉センターは、直接あるいは間接的に CESF を優先的に採用していた。しかし、深刻化する社会状況における支援に関連した雇用が進展すると同時に、「中程度」の問題を抱えるクライアントおよび女性を対象とした包括的指導という「従来型」の雇用は衰退していった。

　その結果、社会福祉センターが福祉活動から手を引いたということではなく、むしろその介入の仕方が変化していると見ることができる。実際、これらのセンターでは、従来 CESF が従事してきた活動から手を引くと同時に、社会的包括活動や職業訓練の研修などを強化している。しかし、これらの活動のために新規職員を採用するのではなく、職員の配置換えにより対応していることが多い。

公的機関による雇用

CESF の採用者数は、家族手当金庫および農業共済金庫において減少し、逆に県議会において増えている。

近年の CESF の就職先の動向を分析すると、地方公共団体における採用者数が増えていることが確認される。こうした現象は、国レベルの制度再編および福祉事業の地方分権化に負うところが大きい。公的部門における CESF の採用については、同時に2つの現象が生じている。

まず、従来多くの CESF を採用してきた家族手当金庫と農業共済金庫が撤退したことであり、もう1つは、市町村および地方公共団体による採用数が増え、とりわけ県議会の社会福祉課に就職する CESF が増えたことである。

貧困と生活不安にさいなまれる世帯が増加している現在、福祉事業の管理運営を引き受けた県議会はソーシャルワーカーの最大の雇用主となり、特に多重債務問題の担当者として CESF を多く採用するようになった。

例えば、ソーム県議会は 2011 年、社会的に排除された債務者の社会復帰を支援するために CESF を 25 人雇い入れた。

県議会職員である CESF は次のように述べている。

「アシスタン・ソシアルの要請を受けて、若者のカップル、孤立した母親、年金生活者、失業者や積極的連帯所得手当利用者などと面談を行います。クライアントの年齢制限や所得制限はありません。というのも、私たちは、積極的連帯所得手当利用者から月収が 3,000 ユーロあるような人まで、様々な人の伴走をします。私は、住居、食生活、医療、社会文化生活、収入支出の管理に関して専門性があるので、生活困窮者の社会的包摂を促すために具体的な行動をとることができます。」

市町村に関しては、市町村自体の規模や市町村が実施する政策や福祉事業の規模によって大きなばらつきがみられる。それゆえ、CESF に託

される使命にも多様性がみられる。

　その使命は、市町村社会連帯課においては、積極的連帯所得手当利用者や家賃滞納者への伴走であり、教育関連では教育支援、住宅課においては住宅問題を抱える世帯に対する個別または集団的な社会的支援介入などである。

　しかし、地域活性化活動や町の様々なプロジェクトに関しては、CESFは自らの位置付けが難しいようである。場合によっては、社会福祉センターや様々な団体のプロジェクトに単発的に参加することもあるが、「町の政策プロジェクトリーダー」のポストは、多くの場合、大卒者や補完的カリキュラムを受講したソーシャルワーカーに任されることが多く、CESFがこれらのポストにアクセスすることは難しい。実際、政策プロジェクトリーダーなどは、全体としてソーシャルワークとは相容れないものだと言ってもよいだろう。

家族手当金庫で働くCESFの業務の変化

　上述したように、家族手当金庫は、従来から行ってきた個人を相手とする社会福祉業務から段階的に手を引くようになり、その福祉事業の内容が大きく変容した。

　家族手当金庫が福祉分野から撤退するプロセスは、まず、福祉事業を一手に引き受けるというやり方の見直しに始まり、最終的には家族手当金庫の福祉事業政策が再編されるに至った。その結果、家族手当金庫に所属するソーシャルワーカーは新たなポストに配属され、そのポストの目標の再定義、再評価が行われた。

　CESFの雇用主のタイプが多様化し、同時にこうした家族手当金庫による福祉活動の再編に伴って、家族手当金庫によるCESFの採用は大幅に減少した。1970年代のようにCESF国家資格取得者の半数が家族手当金庫に就職した時期もあったが、今日、家族手当金庫がCESFの大口の雇い主であるとは言えなくなった。さらに、家族手当金庫がCESFに課す使命の性質も大きく変わった。ある意味では家族手当金庫

自体が方針の方向転換をしたことにより、これまで明確であった CESF の役割が見えなくなってきたとも言えよう。

　実際、家族手当金庫で働く CESF 有資格者のうちの 33％が本来の資格に直結したポスト以外の「福祉推進係」、「専門アドバイザー」、「親の相談役、支援、伴走のネットワークの指導」などのポストについている。

病院で働く CESF の業務の変化

　病院に勤務する CESF の数は、現在までのところ極めて限定的である。過去においては、病院で働く CESF は院内の清掃・衛生規則や手順に関する職員の教育にあたっていた。今日では、この役割は衛生や感染症予防専門の看護師が全面的に請け負うようになっている。

　このようにして、病院に勤める CESF は数が少なくなったとはいえ、精神医療関連、特に、精神科病棟と高齢者病棟に勤務する例が見られる。この領域における CESF の使命は、家計教育活動ではなく、患者の社会心理的面の評価だけでもなく、患者と家族、患者と看護師や患者と外部機関の間の調停業務である。

CESF の将来有望な雇用業界
——身体障害者・要介護者・法的成年保護・住宅・環境教育

　法規制、人口構成や社会などの介入を取り巻く状況の変化に鑑みると、CESF の介入を部門別に見ていくというアプローチは、CESF の将来の雇用が有望視される部門を際立たせる。

　実際には、経済社会環境の変化および近年の公的機関の変容に伴い、高齢者や障害者の在宅生活の伴走部門、成年後見制度そして環境教育という 3 つの新たな部門において、CESF による介入が増えてきていることが見て取れる。

在宅生活の伴走者としての CESF

　障害者と要介護者が住み慣れた自宅環境で生活できるようにするこ

とを目的とした伴走の部門においてCESFの雇用が大幅に増えたのは、いくつかの要因が重なったためと考えられる。

　まず、人口の高齢化に起因して、高齢者向けの伴走のニーズが増えてきていることが挙げられる。次に、施設に入所する身体障害者の数が減少していることがある。障害者の自立を促し、生活の質の向上をねらいとして、自宅または通常の生活空間における介入が増え、自立支援における福祉的介入や個人の住空間の介護用リフォームなどに関する専門性が必要とされる機会が増えた。

　このことの背景として、社会連帯プランの直接的な影響を受けて策定された「人的支援サービス増強に関する2005年7月26日法」（Loi relative au développement des service à la personne et portant diverses mesures en faveur de la cohésion sociale）によって、人的支援サービスの分野が整備・促進され、関連機関の数と身体的弱者に向けた介入が爆発的に増えたことが挙げられるだろう。

　しかし、CESFは自宅における人的支援において、クライアントに対して必ずしも直接的に対面で介入するわけではなく、CESFはチームの指揮指導や管理を任されることが多いように見受けられる。

司法的伴走者としてのCESF

　CESFの雇用者数が目立って増えているのは、成年の法的保護関連である。この部門における採用数の増加現象は既に10年ほど前から見られたが、2007年3月5日に制定され、2009年1月1日から施行された成年の法的保護改革法（Loi relative à la réforme de la protection juridique des majeurs）によって増加傾向がさらに顕著となった。

　同法において「後見人」という言葉は、「成年司法的保護代理人（mandataire judiciaire à la protection des majeurs）」という名称となった。

　成年司法的代理人は、後見人や後見人解除後の財産管理人選定措置の場合に、法的権利の確保や司法的伴走措置という任務を課せられる。後見人や財産管理人選定における司法的代理人の任務につくためには、数

週間の養成コースを受講した後に、「国家職能証書（成年司法的保護措置）」を取得しなければならない。裁判所において宣誓手続きを行うことを条件として、ソーシャルワーカーの資格保持者（CESF、エデュケーター、アシスタン・ソシアルなど）に対してその可能性が開かれている。

これらの成年法的保護の改革に加え、児童保護の改革関連法によって、家計管理の問題を抱えた家族との契約を介してアドバイスやガイダンスを行う「社会・家庭経済」伴走が創設された。さらに、家計管理のための司法的支援措置（MJAGBF：mesure judiciaire d'aide à la gestion du budget familial）が導入された。同措置は、従来の児童福祉手当の後見に取って代わるもので、「社会・家庭経済の伴走」では不十分とみなされる場合や期待された効果が得られないと判断された場合、県議会議長が要請することができる。

家計管理のための司法的支援措置では、「家族手当の代理人」が、家族手当の管理を行い、同時に、家族と共に家計管理を見直し、その改善のための作業を行う。社会・家庭経済の伴走は、家計管理の司法的支援措置と同様に CESF の有資格者が行うことができる。

成年の法的保護に関する改革に伴い、2011 年春の時点で、県議会による CESF の採用数が実際に増えたかどうかを判断するのは時期尚早というべきであろう。個別社会的伴走措置に対する根強い抵抗が原因で、同措置の実施に困難を来しているという事情があればなおさらのことである。しかし、家族や児童保護の分野で介入を行っている各種の民間団体では、司法的代理人や家族手当代理人を確保するために CESF を採用するようになっている。

エネルギー・環境教育アドバイザーとしての CESF

CESF の就労先として将来的に有望視されている領域の 3 つ目は環境教育である。昨今、住居における一定水準の快適性を確保するためにかかる光熱費（暖房、照明、温水、家電使用など）が年々値上がりし、家計を圧迫している。低所得者が住む住宅の断熱性能が劣悪であれば、住居

2007年法による後見人制度および財産管理人制度の再編

　成人法的保護の措置は、個々人の自律性、身体・精神的障害の程度に応じて決められる。後見人および財産管理人を付ける措置の対象は、医学鑑定により身体能力または精神的な認知力が不十分であると認められた人である。

　この診断書に基づき、検察官が後見人問題担当判事に書類を提出し、判事が後見人または財産管理人を付ける必要性の有無を判断する。その後、対象者の収入および資産全体を管理する司法代理人が指名され、法的代理人となる。これは司法的措置であり5年毎に見直される。

　司法的伴走措置（MAJ：mesures d'accompagnement judiciaire）は、後見人問題担当判事が裁定を行い、特に社会福祉手当の管理が困難な人が対象となる。この措置は、クライアントが社会福祉手当を自律的に管理する能力を身に付けるための教育的行為である。

　指名された代理人は、対象者の社会福祉手当のみに関する管理を行い、クライアントは自らの法的責任能力を保持する。教育的目的でカスタマイズされた社会的伴走を行い、最終的にクライアントの自立を目指すものである。

　司法的伴走措置は、個人的社会伴走の延長線上に位置する。ただし、個人的社会伴走措置は、司法的措置ではなく行政的措置であるため、契約の締結が必要となる。そのため、家主、地方公共団体の議員や家族または公的機関（公立病院や市町村福祉事業センターなど）からの要請により、「社会福祉手当の受給者」であり「かつ自らの収入の管理ができないために健康または安全上のリスクを抱えた」人は、誰でも県議会議長との間で契約を結んだ上で、社会福祉手当の管理支援を受けることができる。

　個人的社会伴走措置における伴走の成果が出ない場合、県議会議長はその旨を検察官に通知し、検察官は後見人問題担当判事に書類を引き継ぎ、判事は場合によって司法的伴走措置を適用する決定を下すことができる。

の暖房コストがかさむことになる。そのことによって、負債、社会的排除や非衛生的な住居環境などの発端ともなりかねず、「エネルギー弱者」の立場に陥ることが危惧されるからである。

CESF のアプローチは、生活困窮者の家庭、家計および日常生活に関する領域を主軸としているため、「エネルギー弱者」対策において中心的な役割を果たすキーパーソンとなることも可能であろう。

既に CESF の中には、住居改善のためのサービス活動を行う団体や県議会の住宅情報局などにおいて、集団的ワークショップという形で省エネをテーマとした教育活動に従事する人も見られる。

より広い観点から、CESF は、環境や水の保全や廃棄物管理などの問題についてますます重要な役割を担うことが期待されている。環境問題が深刻化する中で、将来、CESF がユーザーの生活様式を変革していくための教育活動を担うことが求められるだろう。これに関連して言えば、CESF の養成課程において、「持続可能な発展・開発の概念」が新たな職業規範に盛り込まれ、この概念に関連する科目が強化されている。

現在までのところ、「持続可能な発展・開発」の領域関連の求人数はまだ限定的であり、市町村によるゴミの分別実施を目的とした求人や、広域自治体の公的施設における予防・感化キャンペーン関連の求人数が若干ある程度に留まっており、同領域での CESF の就職口はそれほど多くはない。どちらかと言えば、「従来からの」職務である家計管理や多重債務防止活動の一環として省エネの問題を取り込むような要請が多い。

例えば、エロー県のモンペリエにある省エネとエネルギー問題を専門とする団体は、県議会のソーシャルワーカーや県の社会連帯課で働く CESF に対し、省エネの教育活動に役立つ養成講座を提案している。

講座を受講したある CESF は次のように述べている。

「この光熱費管理の分野の専門家による養成講座を受講したおかげで、光熱費の問題を抱える家庭を訪問する際、クライアントのニーズにつ

いてしっかりと耳を傾けることができるようになりました。」

　この CESF によれば、養成講座は 2 日間のコースで、快適な室内温度の定義や湿気の原因や影響などに関する講義と、電気代の請求書の読み方や体感温度と実際の温度の違いなどの実践的講座が交互に行われるという。

　住居や住宅に関する領域は、厳密には CESF の「新規の介入領域」とは言えないが、それでも同領域における CESF の雇用数は増え続けている。

　その理由として、第一に、長引く経済金融危機によって深刻化する住宅難が挙げられる。第二に、家主の要求が高くなり、賃貸契約の継続が難しくなる中、問題の解決策として、賃貸住宅へのアクセスまたは賃貸契約の維持を支援するための措置が多く整備されてきたことが挙げられる。第三には、自宅での生活を続ける要介護高齢者が増えている理由から、近い将来、介護用リフォームとして住宅の改修関連の支援ニーズが高まってくることが予想されることが挙げられる。

CESF の採用論理
——CESF は他職種のソーシャルワーカーと同じ理由で採用されるか？

　公共・民間の両部門において、CESF の雇用においては独特のロジックがあり、人事管理の観点からは、それぞれの雇用主に様々な異なる動機があることがわかってくる。

　例えば、雇用主の中には、自らが必要としている特殊な専門性を CESF が有しているという理由で、CESF のプロフィールに注目して雇用する場合がある。とりわけ、低家賃住宅公社の場合はその好例と言ってよいだろう。

　低家賃住宅公社の「社会福祉アドバイザー」のチームは主に CESF から構成されている。一般に、公団住宅公社などは、家賃滞納世帯の伴走という任務において、家計管理問題の解決、収入から固定費を先に確

保することや滞納家賃の清算などについて CESF の専門性が有用であることを認識している。そのため、福祉活動と財政的係争の解決のために仲立ちとなる状況において、CESF はアシスタン・ソシアルやエデュケーターよりも適性が高いとみなされている。

　CESF に特有の専門性は、住宅および宿泊施設関連の分野においても求められている。それは、宿泊施設において自立性を獲得するための伴走のニーズに適合した専門性を持っているからである。

　一時宿泊施設を提供する機関において、特に宿泊施設からの出所およびその後のフォローアップだけでなく、利用者が初めて住居物件を賃貸する際に、媒介役として支援する場合にも有用となる。

　その他の雇用主においては、チームメンバー間のバランスや多様性に考慮して CESF を採用する場合がある。CESF はアシスタン・ソシアルやエデュケーターと協働し、様々なプロフィールを持つ人が集まった支援チームの中で、それぞれの職業の特殊性と「フィーリング」を活かすことを目指す。

　このような職場では多様性が優先視されるため、CESF の独自の専門性は尊重されるが、介入の中心的な存在とはならない。CESF は同じ課に属する他職種のソーシャルワーカーとほぼ同じ任務に従事する中で、むしろ付加価値の１つとして位置付けられている。

　官民の別や部門の別を問わず、様々なタイプの組織や機関による求人情報を解析すると、CESF はソーシャルワーカーの職種を問わない、より一般的な「ソーシャルワーカー」の求人枠で雇われることも多く、そこにソーシャルワーカーの職種間の非差別化という昨今の傾向が反映されている。

　「アシスタン・ソシアル」の検索フィルターをかけて『AHS』という雑誌で見つけた次ページの求人広告に見られるように、このような状況では、採用された CESF が本来、アシスタン・ソシアルが受け持つべき職務に就くこともあるようである。

　このような採用の動向や考え方は、CESF へのインタビューによって

社会復帰および職業復帰の領域における団体の求人広告

県の住宅管理部門の求人

ソーシャルワーク有資格者、アシスタン・ソシアル、エデュケーター、CESF（男女）。

雇用形態：有期限雇用契約（フルタイム）、その後、無期限雇用契約。

仕事の内容：社会的伴走、県の住宅連帯基金代理人。

住宅、宿泊所部門における経験者優先。文書執筆能力がありパートナーとの良好な関係作りができる人。家庭訪問およびオフィスにおける面談。運転免許必須。

家族手当金庫の求人

ソーシャルワーカー（男女）。アシスタン・ソシアルまたは CESF の国家資格必須。

雇用形態：半年の有期限雇用契約（フルタイム）、その後、無期限契約への切替えの可能性あり。

宿泊・社会復帰センターの求人

アシスタン・ソシアルまたはエデュケーターまたは CESF（男女）。

雇用形態：病欠および産休の代理ポスト（フルタイム）。

県の後見人担当課による求人

アシスタン・ソシアル、CESF、専門エデュケーター、法学修士のいずれかの資格、免状を所持し、可能であれば成人の法的保護における司法代理人を務めるための証書を有していること（男女）。

雇用形態：無期限雇用契約。

も確認することができた。つまり雇用主は、ソーシャルワーカーの有資格者を採用する際に、その養成課程の内容の違いに注目するよりも、職業経験や人間性などを重視する傾向が強いということである。

　この傾向は、市町村役場や民間企業における「人事課内のアシスタン・ソシアル」のポストのような、従来アシスタン・ソシアル有資格者に限定されていた求人枠がCESFにも開放されたことを意味する。

　後述するように、実際にインタビューしたCESFは、より広くソーシャルワーカーとして自認しているとした上で、クライアントの価値付けや自立を志向することや守秘義務といった介入の原則や考え方は特有の事項ではなく、むしろ「社会的支援介入」全体に共通項を持つことを強調している。

　他方、CESFは、自らの専門性を活かせる領域が家計教育支援に限定されることを望まない。彼女らの観点では、「社会・家庭経済」はもはや専門領域ではないとみなされるからである。

　このように、ソーシャルワーカーの職種間の区別をしないという傾向は、「就職口」という切り口から見ると、CESFにいくつかの恩恵をもたらす。つまり、CESFのイメージを変え、職業上の守秘義務に関する抵抗をなくし、他職種のソーシャルワーカーとの情報交換や共有を容易にするものでもある。

　さらに、このような傾向を受けて、ソーシャルワーカーの養成課程に横断的に共通した教科が増強される方向に進んでいる。これは各種の養成課程の間の橋渡しを容易にすることを目指す改革に沿ったものであるとも言えよう。

　インタビューに答えたCESFによると、このようなCESFの専門性の希薄化は、CESF資格の過小評価にもつながりかねず、問題視されるべきであるとも言う。

　実際に、雇用主が抱くイメージに沿ってソーシャルワーカー間に暗黙の序列付けをしており、CESFはアシスタン・ソシアルとエデュケーターよりも下位に位置付けられているように見受けられる。

　つまり、銀行や相互保険会社などのいくつかの業種部門では、CESF はワンランク下の職業とみなされている。CESF の言によれば、同じソーシャルワーカーであるアシスタン・ソシアルやエデュケーターほどの社会的認知度はないという。

　雇用主は、CESF には人を管理したりチームを指揮したりするような管理職の職務をまっとうする適性がないとみなしており、アシスタン・ソシアルやエデュケーターと違って責任のあるポストにつけることはないという。つまり、ソーシャルワーカーの職業の間の非差別化が起こったとしても、現実にはその能力や専門性が同等とみなされないということである。

　この「資格の過小評価」という現象は、CESF の活動領域の一部分において専門性を発揮する新たな職業が出現したことによってさらに顕著になってきた。専門教育を受けた地方公共団体の開発局職員、職業復帰担当者などが、より全般的な教育しか受けていない CESF よりも優先されるということが起こっている。

　このようにして、地方公共団体の福祉事業の促進など、従来、安定的に居場所が確保されていた領域からの要請が徐々に減り、場合によっては、その領域から排除されてしまうことも起こり得る。

　これに対して、国家資格の有資格者を採用基準とする地方公共団体に雇われることの多いアシスタン・ソシアルやエデュケーターにおいては、このような現象がそれほど起こっていない。

　しかし、社会福祉活動の領域に関する法律では、CESF の専門性に言及しており、困窮者の支援介入における CESF の重要性が明確にうたわれている。

　とりわけ、先に挙げた消費者金融に関する法がその適例と言える。つまり、多重債務委員会のメンバーである法律家および CESF は、それまで発言権のみが認められ投票権はなかったが、同法の施行により投票権が付与された正式メンバーとなり、自らの代行者を持つ権利も得たのである。

CESF の就職方法

上述してきたように、CESF は国家資格ができてからの年月が比較的浅い職業であるが、その社会的認知のプロセスが進展したことにより、就職の条件において優遇されてきた。

1990 年代半ば頃までは CESF が就職口を見つけるのは比較的容易であり、資格取得前に就職先が決まることも多かった。特に、雇用主が多様化し、求人数が急速に増えたこともその理由の 1 つとなっている。

養成校新卒者は現在も比較的短期間で就職できるが、最初の就職口は期間限定の契約、産休代理やパートタイムなどの短期雇用であることが多い。新卒者は、住宅公社、住宅や後見人の分野における介入などの簡単な任務を請け負う。

現在では、新卒者が安定した職に就くまでに従来よりも時間を要するようになり、資格取得後に無期限契約の就職口を得るには 2 ～ 3 年かかることが多い。

また、労働市場にアクセスする前段階で、実習先を探すことにさえ困難が伴うようになった。というのは、3 カ月間以上にわたって実習生を受け入れた場合は、受入れ側に最低保証賃金の 30% 以上の報酬支払い義務が生じるようになり、受入れ側が二の足を踏むようになったためである。

現在、実習先を探している CESF は次のように述べている。

「ある団体や施設で 2 カ月間実習を行い、新たに 2 カ月を別の機関で行うというように、実習を数回に分断して行わざるを得ない学生も出てきます。そのため、同一の団体や施設の場合であれば、間に休暇を挟んで、実習を 2 回に分けて行う協定を養成校と締結します。こうすれば無報酬の条件での実習受入れが可能となるからです。」

このように、CESF は安定した職に就くことが難しくなってきている。その理由として次の 2 点が挙げられる。1 点目に、CESF の雇用が他職

種のソーシャルワーカーと同様、「フレキシブル化」が進む中で、その悪影響をこうむっているためである。2点目には、新しい就職口の大半は、もともと安定職が少ない民間団体による採用で占められているからである。また、行政機関でも、有期限契約による「福祉課サービス」などの安定性に欠ける雇用口も多い。

　このような状況に鑑みると、CESFのキャリアはすんなりといくものではないようである。しかし、パリ地域においてインタビューを行った若手のCESFは、キャリアの中でソーシャルワーカー養成校の同窓生のネットワークを活用して、比較的容易に転職ができるとも評価している。

　雇用口としての組織や機関が広範な領域にわたることを考慮すれば、多種多様な経験からなるCESFのキャリアは内容が豊富で充実したものとも言えるだろう。

　1998年に国家資格を取得したCESFは次のように述べている。

　　「最初の雇用口は、緊急宿泊施設を運営する団体におけるダイヤル115番（救急医療援助サービス）の担当でした。その後、住居のスラム化対策活動を行う団体に転職し、公団住宅の施主担当を受け持ち、さらに社会福祉施設における社会的伴走を担当しました。現在は、ある団体で社会参入最低限所得手当[注1]受給者のフォローアップを担当しています。」

　インタビューを行ったCESFは、就職先を選択する際に決め手となる要素を複数挙げた。まず、選んだ地域でたまたま求人があったということである。この点について、CESFは現時点では地方よりもパリ地域の方が求職しやすいという。

　2005年に国家資格を取得した地方出身のCESFは次のように述べている。

「ボルドーにいた時期は、就職口がないので CESF の仲間は老人ホームで働き、私自身はベビーシッターやホームヘルパーなどの職を転々としていました。CESF の資格に見合った仕事を見つけるためには、パリに上京するしか手立てがありませんでした。」

　彼女は現在、刑務所からの出所者を支援する団体に勤めている。
　また、他には給与水準、雇用の安定性などの基準も決め手となる。給与水準は、地方公共団体よりも、公団住宅公庫や採用時に給料の交渉が可能な民間団体の方が高いと言われている。そのほかに、CESF の個人的な希望、職業に対する考え方や職場環境なども重要となる。
　CESF の中には職場として公的機関よりも民間団体を選ぶ人もいる。というのも、民間団体では、雇用の安定性は劣っていても、仕事環境において柔軟性が高く機動性に富み、新規の活動を立ち上げるのにより適しているからである。
　また、先に登場した CESF は次のように述べている。

「地方自治体での職務は、組織が大きすぎて管理職の上司と職員の間に距離ができてしまいます。これに対し民間団体では、創意工夫が求められ、自分の考えを新しい事業やプロジェクトなどにある程度反映させることができます。」

　他の決め手としては、自分が特に対象としたいと考えるクライアントを基準に職場を選ぶ場合もあり、また、その職場がどれほど福祉的性格を有するかを考慮して選ぶという CESF もいた。つまり、CESF の中には緊急受入れセンターなどの社会的に排除された人々を対象とする職務を希望したり、福祉センターにおける家族支援を希望したり、低家賃住宅公社での就職を望んだりと様々である。
　最初の雇用がどのようであっても、一般的に安定雇用へのアクセスが難しくなっている中、CESF は他のソーシャルワーカーと同様

に、同レベルの学歴の者と比較すると、雇用においては優遇されている。2010 年 7 月の研究・評価・統計局（DREES：Direction de la recherche, des Etudes, de l'Evaluation et des Statistiques）による調査結果もこれを裏付けるものとなっている。

　同調査では、次のようなコメントが紹介されている。

　「ソーシャルワークを専門とする新卒者（アシスタン・ソシアル、CESF、エデュケーターなど）は、同等レベルの学歴の新卒者（高校卒業証明＋2年）に比べ、より早くより安定した職が見つかります。ソーシャルワーク養成校の新卒者の 85％は、卒業後 5 カ月以内に就職口を見つけています。失業者や職に就かない人はわずかで、卒業後 3 年で 10 人に 7 人が無期限雇用契約を取り付けており、そのうちの 80％が自らの資格が活かせる職務に就いていることがわかりました。」

　こうした観点について、養成校の教員も同じ見解を示している。地域的な格差が大きいことを認めながらも、CESF の求人数は常時多く、養成学校の求職数を上回っていると言う。

　従来、CESF を大量に採用してきた家族手当金庫、農業共済金庫や社会福祉センターが手を引いたことにより、これらの機関における CESF の雇用数は減少したが、市町村、市町村福祉事業センターや各種民間団体などにおける CESF の求人数が増えている。

　CESF の雇用主のタイプが多様化しているのは、新たな雇用主が CESF に寄せる関心が高いことの証とも言える。その中には新設したポストを常設化する雇用主も一定数あると思われる。30 年前と比較すると確かに CESF の雇用状況は難しくなっていると言えるだろうが、失業の例はほとんど見られない。また CESF が活動する組織の安定性が低くても、その分、より斬新な活動ができると考えられる。

〔注1〕第3章の注1参照。

〔注2〕エピスリー・ソシアルはスーパーマーケットの形態を取るフードバンクの一形態である。市街地や公営住宅、シェルターなどの宿泊施設内に置かれ、利用者は食料だけでなく、衣類や文具などを自ら選ぶことができる。詳しくは、小関隆志「フランスのフードバンク」（佐藤順子編著『フードバンク——世界と日本の困窮者支援と食品ロス対策』明石書店、2018年、第4章）を参照。

〔注3〕マイクロクレジットは主に低所得者向けの小規模融資をさす。フランスのマイクロクレジットについては、重頭ユカリ「フランスにおけるマイクロクレジット」（佐藤順子編著『マイクロクレジットは金融格差を是正できるか』ミネルヴァ書房、2016年、第6章）を参照。

〔注4〕2009年、社会参入最低所得手当（RMI：Le revenu minimum d'insertion）は積極的連帯所得手当（RSA: Le revenue de solidarité active）に制度と名称が変更されたが、インタビュー時点では RMI であったと思われる。

第 3 章

CESF の業務と職種

　これまで、ソーシャルワークの分野に焦点を当てて CESF の雇用について見てきたが、それ以外の領域においても多種多様な雇用主が存在する。現場の職務に目を向けると、さらにその多様性が増している。

　本章の前半では、CESF のプロフィールおよび活動の多様性について分析し、さらに CESF の介入状況の特殊性と多様性についても論じていく。

　後半では、CESF の規範の価値と文化を軸としたアプローチを通して、職務実践に関する分析を行い、CESF の職務におけるアプローチの特殊性について明らかにしたい。

1．CESF の職務内容、プロフィール、活動内容の多様性

　CESF の各種の活動内容に関するリストの作成は困難を伴った。つまり、雇用状況が多岐にわたるため、特徴的なプロフィールが見えず、直ちに明確な分類ができるという状況ではなかった。

　低家賃住宅公団の福祉アドバイザーや、後見人代理アドバイザー、多重債務や家計教育の専門アドバイザーなどの特徴がつかみやすい典型的な雇用も存在するが、他職種のソーシャルワーカーとの違いがはっきりしない、一般の「ソーシャルワーカー」のプロフィールで職務に従事している CESF の数も多い。

　CESF は多様な仕事をこなせる能力を養成課程で習得しており、様々な任務や役目を果たすための能力開発にも適性がある。また、例外を除き、そのプロフィールも指導や管理職などの１つの役職に限定されないという特徴がある。

　このような CESF を取り巻く状況に照らすと、CESF の具体的な職務を特徴付けて記述しようとするときに、方法論の問題が生じる。

　例えば、CESF の雇用数が多い公的機関において CESF に課せられる使命の内容や性質を基準に特徴付けをしようとすれば、その業務概要が把握できるかもしれない。しかし、実施内容の詳細を掘り下げようとしたとたんに、任務の種類が容易に網羅できないほど多様性に富んでいる現実に突き当たる。

　これは、例えば、職務が複数の任務に対して横断的なものになっており、それが CESF のアイデンティティを形成する基礎をなしているからである。しかしながら、CESF の職業規範は、養成課程で習得した知識をベースに CESF 自らが作り上げたものが多く、養成課程の同質性を考えれば、使命や役職の違いを超えて、職業規範に一貫性や整合性が現れてくるのである。

　CESF による職務の説明を総括すると、活動領域が大きく次の４つに

分けられることが示された。

①個別支援および教育活動

　　CESFにとって極めて重要な活動領域であり、雇用の別を問わず増えている。

②オリエンテーション

　　地域のソーシャルワーカーの紹介でCESFのもとを訪れる人やCESFが直接受け持ったクライアントの受入れ、情報提供、個人別オリエンテーションがこれにあたる。

③行政担当課および各種の福祉機関向けの仲介

　　CESFは手続きや行動に際して、クライアントに実際に付き添うこともある。

④フォローアップ

　　ニーズ評価、申請書類の作成と処理、行政手続きおよび手続きのフォローアップ、積極的連帯手当案件の管理および評価、住居改善、多重債務問題対応を行う。

フォローアップという活動領域

このフォローアップについて述べると、CESFはクライアントの日常生活の様々な局面で伴走を行う。具体的には、社会生活および家庭生活に関して、「社会・家庭経済」のすべての局面に関連する中長期にわたる教育的フォローアップが実施される。

　例えば、更生のための宿泊施設、障害者宿泊施設、職業支援センターや母子センターなどの公的機関の居住者に対して個別の伴走を行う。

　フォローアップの職務は、社会的包括の領域において、介入の新たな枠で行われ、「社会・家庭経済」活動の最も典型的なものと言える。

　CESFはこの領域において、「自ら具体的な行為を実行する」活動や家庭科教育そのものを行うのではなく、ある特定の問題を抱えた対象者を取り巻く状況で、個別のアドバイス活動と教育活動を行う。そのため

に、CESF は具体的な解決方法を模索し、消費、食生活、家計、住居や時間管理などに関するアドバイスを行う。

さらには、対象範囲が限定された特別な対象に対する教育的フォローアップによる介入を行い、場合によっては専門的鑑定を実施する。

家計教育活動

CESF はクライアントに差し迫った問題の処理について介入を行う。具体的には、請求書の支払いが必要となる場合は、差押えを業務とする執行官との間での問題解決や借金返済計画の作成などの支出管理のための技術支援を行う。

同時に、クライアントが家計管理の基本的概念を習得できるよう、中長期的な家計教育活動のための介入も行う。この場合、CESF は必要に応じてクライアントの生活の様々な局面に関する指導も行う。

職業的包摂のフォローアップ

積極的連帯所得手当利用者や若年者が見習い職に就く場合のフォローアップや、社会復帰的措置に登録された若年者のフォローアップなど、職業包括計画の伴走や職業包摂における雇用の指導などが例として挙げられる。

このフォローアップには、定期的な面談や実施した手続きや成果に関する評価が含まれる。

グループの教育活動およびグループ指導

CESF の介入の方法や内容が大きく変わり、個別的介入に比べるとグループへの介入は減少している。また、集団メンバー相互の懇親の集いを目的としたような指導活動も衰退し、代わりに教育活動や社会復帰のための活動が台頭してきたが、依然としてグループ活動は CESF に固有の介入の強みが発揮される活動領域である。

具体的なグループ活動は次の３つに分けられる。

①グループに対する情報提供

　　食生活や健康をテーマとしたミーティングや展示会を行う。

②社会福祉的、社会教育的調整

　　グループの指導活動については、立案企画とグループ指導の2つ
のステップからなる。CESFは単発的な指導や教育活動に参加する
だけでなく、研修の最初から最後までのプロセス全体を通して関与
するようになっている。したがって、教育プログラムや教育ツール
の立案企画、実習生のフォローアップや評価なども行う。

③社会調査およびプロジェクトへの参加

　　CESFは地域の社会福祉事業の開発など、社会および社会経済発
展プロジェクトの実施地域でのニーズ調査をはじめ、様々な調査な
どに参加している。これは、策定行動計画に関するあらゆる観点か
らの考慮を要するため、内容が非常に複雑で難しい。そのため、一
般的な調整業務とは区別される。具体的には、人的、社会的、福祉
的および経済的な観点から、プロジェクトの立案企画、手順の策定、
活動の実施、活動への伴走とフォローアップやプロジェクトの成果
の評価などが主な業務である。

CESFの事務・運営管理

また、事務・運営管理に関連しては主に次の業務が挙げられる。

①書類の処理、事務業務

②指導、調整、職員の管理

③経理、備品設備の購買

④組織や課の開発促進、渉外、社会福祉ネットワークまたは地域経済
　への業務の登録

これらの業務は、例えば高齢者支援サービス、福祉的住宅、母子受入

れホテル、老人ホームや若年労働者の家などにおける管理職としての役職である。

次に、本書でこれまでに挙げた、CESF を多く雇用する部門における CESF の介入に関して分析を行い、職場における CESF の主な業務内容と実際のポストのプロフィールを紹介する。

紹介例のひとつひとつは、実在する CESF のプロフィール全体を必ずしも代表しているわけではなく、そこから一般論を導き出すことができるものではない。しかし、現場の実態を映し出すものとして、CESF の統一性と多様性を評価するための一助となるだろう。

地方公共団体の CESF

県の社会福祉課で働く CESF の全てに共通するのは、県所属のアシスタン・ソシアルなどと同様に、福祉事業の行政区が存在することである。市町村や市町村福祉事業センターにおける状況はより多様性に富んでいる。県のような行政区の間では、統一された業務というものはなく、他の介入者との業務分配や相互補完性、さらには市町村の福祉事業の規模などによって状況が変わってくる。

しかし、県であれ市町村福祉事業センターであれ、それまで地方公共団体の社会福祉課においてほぼ唯一の介入者であったアシスタン・ソシアルに続き、CESF が採用されるようになっている。

しかし、その状況や活動の内容にかかわらず、市町村および県による福祉事業の措置における CESF の役割は、アシスタン・ソシアルが果たす役割やポジションから完全に分離していない、と言えるだろうか。

介入における自律性の確保

県の行政区画や市町村の社会福祉課においても同様に、CESF の採用が増えているのは、CESF が社会的包摂や日常生活における自律性の問題を抱えた人に対して介入できるという理由からである。

CESF は経済的包摂、家計教育活動、とりわけ人的サービスの組織化

やグループ活動の企画・実施などにおいて、行動の手順を取り仕切る能力が高く評価されている。こうして CESF は介入において一定レベルの自律性を獲得するに至っている。

　地方公共団体で働く CESF は、アシスタン・ソシアルに比べて、現場の第一線や担当として介入する機会がまれで、当直担当として応急的な対応にかり出されることも比較的少ない。

　CESF はアシスタン・ソシアルに比べて、問題を取り扱う際に、より技術的で心理的・福祉的アプローチを行う可能性を持ち、解決策についても制約が少ないように見受けられる。CESF の活動は、クライアントの経済的な支援先を見つけることが軸ではないため、権利、法的な救援や可能性の限界に突き当たるような場面が少ない。さらには、生活支援、情報提供および教育活動の領域では「常に何かできることがある」という信条を持ち、積極的な姿勢で業務に当たることができているようである。

　CESF は事務的な仕事や書類の処理などの業務の負荷が少なく、家族のフォローアップそのものや中長期的な視野での活動により多くの時間を割くことができる。

アシスタン・ソシアルと CESF の相互補完性の原則

　これまで見てきたように、CESF は特に「日常生活の管理に関連した領域」と「家計教育活動の領域」において特殊な専門性を持つと認知されている。アシスタン・ソシアルと CESF との間の相互補完性を定義する一般原則はこの事実に基づいている。

　このようにして、アシスタン・ソシアルと CESF の間では、クライアント・家族が抱える問題の性質に応じて担当が振り分けられる。アシスタン・ソシアルは、緊急時のマネージメントおよび財政援助に関わる問題を担当し、CESF にはより長期にわたるフォローアップと教育活動が振り分けられるのである。より事務的な問題はアシスタン・ソシアルが受け持ち、クライアントに生活や家計の課題がある場合は CESF が

担当する。

　さらに、クライアントが心理、社会、人間関係に関する深刻な問題を抱えている場合はアシスタン・ソシアルが受け持ち、経済困窮や家計の問題を抱える家庭には CESF が介入する。

　ある地方公共団体で働く CESF は、次のように述べている。

　「アシスタン・ソシアルは法律や財政援助の問題を取り扱うことが多いですが、対象家庭に割ける時間がますます確保しにくくなっているようです。私たち CESF は定期的に家庭訪問をしたりフォローアップをしたりするための時間がアシスタン・ソシアルよりは取れる状況にあります。」

　しかしながら、実際にはこの相互補完性の原則には限界があり、CESF はそれぞれの介入領域の境界線が多かれ少なかれ「曖昧」であることに対し不満を表明している。

　この曖昧性は、アシスタン・ソシアルと CESF の置かれている職位が 1 つの原因となっている。両者間に上下関係が存在しないがために、そこに時として「競合する」相互補完性ができてしまい、特に、クライアント・家族への介入における責任と自律性に関し、双方の権利と特権を侵害し合うような状況も起こり得るのである。

　また、クライアント・家族の全体の問題に関する担当者を決めるための原則は存在しない。場合によっては、アシスタン・ソシアルが「ゼネラリスト」として家族の問題を包括的に担当することもあり、また、CESF が財政的な問題および家計管理教育の「スペシャリスト」として、問題全体のインテークの部分を担当することもある。

　このような場合は、家計問題を事前に解決しておくことが、その後のアシスタン・ソシアルによる介入の効率を条件付けるからである。しかし、比較的明確になっているこの原則は唯一のものではなく、より複雑なケースも数多く見られる。

　アシスタン・ソシアルと CESF の間では、取り扱うべき主な問題の性質によって家族を振り分け、おのおのが家族の問題全体を取り扱う場合もあり、困難のレベルに応じて双方の分野における専門性をシェアする場合もある。

　CESF は職場で規定されている方法に則り、さらにアシスタン・ソシアルとの関係性に応じて、付随する問題を一定の範囲で扱ったり、アシスタン・ソシアルと分担し合ったりする。

　前述した「曖昧」なところは、対象家庭の抱える問題が多く複雑であるということにも起因している。このような場合、取り扱う課題の特殊性に応じて担当を分け合うということがそれほど容易ではないケースが見受けられる。

　また、パリ地域圏の県でよく見られるように、人手が足りない状況下で、仕事の負荷の大きさによるプレッシャーと緊急性のプレッシャーが重なり、本来ならアシスタン・ソシアルに振り分けられる業務を CESF が受け持たざるを得なくなるケースも出てくる。

県議会に勤める CESF のプロフィールと職務

　最も多いのは、経済的困窮問題と家計教育活動、職業的包摂および日常生活の管理運営を専門とする CESF である。この部門において CESF は、アシスタン・ソシアルと並行し、協働して職務にあたる。

　一例として、イル・ド・フランス地域圏のある CESF は次のように述べている。

　「アシスタン・ソシアルと 2 人で組んで対象者家族のフォローアップを行うことが多いです。家庭の問題が請求書の未払いのみの場合は、CESF が単独で介入します。家庭が社会福祉課の継続的なクライアントであったり、複数の課題を抱えていたりする場合はアシスタン・ソシアルと組んで 2 人で介入します。」

このような場合、CESF は困窮者用住宅のための県の行動計画に則った行動の実施を担当することが多い。

チームで働く CESF による介入

チームの一員としての CESF は、多くの場合、家計教育活動と調停業務について個別介入を行う。

具体的には、アシスタン・ソシアルまたは他のソーシャルワーカーが、問題を察知したクライアントに向けて家計教育活動を行う。CESF は特に多重債務状況のフォローアップ任務を請け負う。社会参入最低所得手当（RMI：Le revenu minimum d'insertion）[注1] の利用者や住居連帯基金受給者に対して、社会復帰措置のフォローアップや書類作成の技術的フォローアップ、職業計画や社会復帰などの伴走を行う。

また、県庁で働く CESF は、調停業務として社会復帰措置を受けたクライアントのフォローアップで、特に、オリエンテーションと更生の介入者の地域ネットワーク作りにおける中心的役割を演じる。

CESF へのインタビューから

◆ペリーヌ（PERRINE）：地方公共団体の福祉事業課に勤める CESF
「私の職場は、県の福祉事業課が運営する県の宿泊施設ですが、ここでは積極的連帯所得手当利用者の社会復帰契約への介入を行っています。クライアントのニーズと課題の難易度に応じて、他の福祉関連パートナーと連携して雇用支援を行ったり、資格取得を目指した職業訓練の伴走を行ったりしています。最終的な目的は、クライアントが積極的連帯所得手当を受給する必要が無くなることです。」

「各ケースで状況は異なります。クライアントの雇用を妨げている原因追究の手助けをします。家計関連では、家計管理や多重債務問題などに対して教育的支援を行います。」

郵便はがき

101-8796

537

金受取人払郵便

神田局
承認

6430

差出有効期間
2022年12月
日まで

切手を貼らずに
お出し下さい。

【 受 取 人 】

東京都千代田区外神田6-9-5

株式会社 **明石書店** 読者通信係 行

ԱԱԱԱԱԱԱԱ

お買い上げ、ありがとうございました。
今後の出版物の参考といたしたく、ご記入、ご投函いただければ幸いに存じます。

な			年齢	性別
前				

所 〒 -

| TEL | (|) | FAX | (|) |

ルアドレス		ご職業（または学校名）

書目録のご希望	*ジャンル別などのご案内（不定期）のご希望	
ある	□ある：ジャンル（	）
ない	□ない	

書籍のタイトル

◆**本書を何でお知りになりましたか？**
　　　□新聞・雑誌の広告…掲載紙誌名[
　　　□書評・紹介記事……掲載紙誌名[
　　　□店頭で　　　　□知人のすすめ　　　□弊社からの案内　　　□弊社ホームペ
　　　□ネット書店 [　　　　　　　　] □その他[
◆**本書についてのご意見・ご感想**
　　■定　　　価　　　□安い（満足）　　□ほどほど　　　□高い（不満）
　　■カバーデザイン　　□良い　　　　　□ふつう　　　　□悪い・ふさわしく
　　■内　　　容　　　□良い　　　　　□ふつう　　　　□期待はずれ
　　■その他お気づきの点、ご質問、ご感想など、ご自由にお書き下さい。

◆**本書をお買い上げの書店**
　[　　　　　　　　市・区・町・村　　　　　　　　書店
◆**今後どのような書籍をお望みですか？**
　　今関心をお持ちのテーマ・人・ジャンル、また翻訳希望の本など、何でもお書き下さい

◆**ご購読紙**　(1)朝日　(2)読売　(3)毎日　(4)日経　(5)その他[
◆**定期ご購読の雑誌** [

ご協力ありがとうございました。
ご意見などを弊社ホームページなどでご紹介させていただくことがあります。　　□諾 [

◆**ご 注 文 書**◆ このハガキで弊社刊行物をご注文いただけます。
　　□ご指定の書店でお受取り……下欄に書店名と所在地域、わかれば電話番号をご記入下
　　□代金引換郵便にてお受取り…送料＋手数料として500円かかります（表記ご住所宛のお

書名	
書名	

ご指定の書店・支店名	書店の所在地域
	都・道 府・県
	書店の電話番号　　（　　　　）

　「このような支援は、私のオフィス内か自宅訪問した際に個人面談を
　しながら行います。また、グループ活動として、情報提供の場をもう
　けて進行役を担ったり、他の福祉関連パートナーと一緒に積極的連帯
　所得手当に関する活動を行ったりします。」

　「『医療関連の受付窓口』を介して、病院と連絡を取り合っています。
　例えば、社会更生活動では、アルコール依存症や歯科衛生上の問題が
　見られる場合に、医療の専門家に診てもらうことを目的とします。」

　グループに対する教育・指導活動は非常に少なく、まったく存在しな
い場合もある。県議会に勤務する CESF が地区のグループ活動に参加
することはめったにない。ただし、家庭経済に関する指導活動において、
外国籍のクライアントを対象とする場合はその限りではない。
　しかしながら、自らが担当するクライアントを集めて、グループへの
情報提供活動や積極的連帯所得手当の利用者グループの活性化活動を行
うなど、集団活動を立ち上げることが許可される場合もある。また、こ
のような対象者のために行われる教育活動に直接参加することもある。
　このように、グループに対する社会・教育活動が比較的少ない理由は、
1960 年代から 1970 年代にかけて推進された「共同体的社会福祉活動モ
デル」とは正反対の、県議会が考案した「福祉活動のオリエンテーショ
ン」に起因している。
　それは、クライアントのニーズの増大や緊急性などに鑑み、「社会的
困窮者に手を差し伸べる援助」という個別支援への軌道修正を図ろうと
する県議会の方針が反映されている。

市町村役場における CESF のプロフィールおよび活動
　市町村では、アシスタン・ソシアルと CESF が協働して当たる業務
の進め方は、県議会の場合ほどしっかりとは確立されていない。市町村

では、クライアントと領域に関してより明確な役割分担がされており、CESF は福祉援助の受給者、積極的連帯所得手当の利用者、住宅入居希望者などの特別なカテゴリーの人のみを対象としている。

　介入領域も、在宅高齢者に対する生活指導とその在宅生活の継続や高齢者支援を受けている人のフォローアップなどの領域に限られ、アシスタン・ソシアルもまた、児童問題など特定の対象と領域を扱う。

　そのため、CESF のプロフィールは、県議会の場合よりも多様性が見られると同時に、クライアントも多様性に富んでいる。その結果、介入範囲もより広くなる。そこでは、家計教育をテーマとした介入は CESF による介入の中核をなさなくなっている。

　というのも、CESF は経済的包摂と家計問題に加えて、社会・職業的包摂、日常生活支援、近隣地域との調整、高齢者支援や生活困窮者支援なども担当するようになったからである。

◆カトリーヌ（CATHRINE）：エピスリー・ソシアルに勤務する CESF
　「エピスリー・ソシアルの利用者は、離別、病気、負債や精神障害など様々な問題を抱えています。一人親世帯も多く見られます。利用者は、市町村福祉事業センターの許可を得て、3 カ月間、エピスリー・ソシアルでの購買費として月に 80 ユーロから 200 ユーロの支援を受けます。ユーザーはそのうちの 10％を自分で支払います。援助額は食料品や日用品の値上がりを勘案して年初に増額されます。援助の更新回数に制限がありませんが、通常、1 年を超えることはありません。利用者は週 3 回来店し、自分で好きなものを選んで買っていきます。」

　「エピスリー・ソシアルの利用を通じて、利用者の自律性を高め、さらに社会的な繋がりを持ってもらうことも目指しています。『ちゃんとした食生活を送ろうという気になってもらえれば』と思い、毎週月曜日に調理のワークショップを開催して、利用者の故郷の名物料理のレシピを持ち寄って交換したり、エピスリー・ソシアルの売り場に並ん

だ食材の調理法のアイデアを出し合ったりして、毎日の食事に変化や彩りを与えるような工夫もしています。」

「行動様式を変えるには、まず人と集い、楽しく過ごしながら少しずつ習慣を変えていく必要があると考えています。ちょっとしたアドバイスなどを介して、応用できる知識を伝えていくように努めてもいます。また、『一人暮らしだから』『思春期の子供が何を作っても食べないから』などの理由で料理することを億劫がる人にも、自分で調理するためのモティベーションを持ってもらえるように努めています。」

「他の CESF と同様に、私が目指していることは、利用者のパニックとストレスを避けながら社会的包摂に務め、自律性や満足感が得られる方向に導くことです。エピスリー・ソシアルでの私の役割として事務的な仕事は少なく、ソーシャルワーカー用のオフィスと利用者の間にバリアを設けたりはしていません。」

「担当のアシスタン・ソシアルによるフォローアップを補足するために、利用者に対する介入を行っています。私たちの方から頻繁に電話して状況を聞いたりする必要のある利用者もいます。また、店内では、利用者とアシスタン・ソシアルが出会える機会も設けています。エピスリー・ソシアルの有用性が認められるにつれ、パートナーの輪が徐々に広がっています。また、ソーシャルワーカーの同僚にエピスリー・ソシアルがどのように機能しているのか定期的に見に来てもらうような提案もしています。」

　ただ、こうした例があるからといって、市町村役場で働く CESF がみな多様な活動を立ち上げているかというと、実際はそうではない。というのも、比較的専門化したプロフィールを持つ CESF も多いからである。

高齢者のケア部門に従事し、高齢者の孤立を防ぎ、地域において活動的な生活を送れるようにする目標を掲げる CESF もいる。さらには、積極的連帯手当受給者の受入れを専門とする CESF や社会的包摂部門で食事療法と食生活に関するプロジェクトの立ち上げや活動を行っている CESF もいる。社会福祉サービス支援の書類処理をしている人もいる。

　さらに、カトリーヌは、

　　「エピスリー・ソシアルの利用希望者と面談し、利用適格者としての条件を満たしているかどうかをチェックし、申請書類が受理されるようにし、場合によってはフォローアップを行います。また、ホームヘルパーを利用している場合は、高齢者の自宅を訪問して問題がないか確認することも行っています。」

という。

　このように、CESF は多能工的な性質を持ち、プロフィールに多様性があるために活動範囲が非常に広くなる。

　さらに、教育活動とグループ指導では、次のような取り組みが行われている。教育や予防を中心とした活動、地域生活活性化のための業務、社会復帰を要する人のグループに対する住居、雇用、医療や家計などに関する情報提供活動および高齢者に対してレジャーやバカンスを提案し、実施する業務などである。

　しかし、市町村でも個人的な介入が増えるにつれて、グループ活動は縮小する傾向にある。

医療機関および社会福祉機関における CESF

　この部門は裾野がきわめて広く、専門宿泊施設、社会復帰センター、宿泊所外での支援団体や住民向けのサービス団体などのそれぞれ異なる目的を持った、多様で小さな組織に分かれている。

　業務の内容は、大きく2つのプロフィールに分けられる。1つは「社

会的伴走」であり、もう1つは「管理、運営、経理業務」である。同じような性質と目的を持つ団体で働いていたとしても、この2つの間では職務内容が大きく異なる。

　ここでいう「社会的伴走」とは、CESFがクライアントに直接介入する場合を指す。これに対して「管理、運営、経理業務」は、組織の運営や職員に対する介入がより多くなる。

　以下、具体例を示すと、医療および社会福祉部門において、CESFは宿泊施設、未成年者の受入れ、高齢者住居や身体障害者ホームなどの専門宿泊施設や社会復帰のための宿泊センター、母子受入れセンター、宿泊・住居関連の様々な施設などにおいて介入する。また、宿泊施設以外にも、慈善事業、住宅支援、失業者支援などの団体においても活動する。

介入のコンテキスト

　慈善事業、住宅支援や失業者支援などの小規模な団体においては、介入の対象者や方法論に多様性が見られるとは言え、各部門に独自の背景や制約などの共通する特徴がいくつか挙げられる。

　歴史的な影響力、創始者の役割、介入における特殊性などを背負った小規模の団体は、古くから存在する組織として非常に個性的な性格を打ち出し、団体への帰属意識や独自の課題解決法などが、個々のソーシャルワーカーの本来持っている特殊性や受けた初期教育の性格を大きくしのぐものとなっている。

　こうした小規模な団体における各種のソーシャルワーカーの非差別化は、昨今に始まったことではない。すなわち、多職種からなるチームとして活動することが特徴的に見られるのである。このような組織では、構成メンバーが受けた養成課程の内容およびプロフィールの多様性が重んじられ、チームという概念も非常に重要視されている。

　しかし、これはタスクの区別を行うためではなく、職種によるアプローチの補完性を得るためでもない。結束力の強いチームのメンバーは、それぞれが同じ役割と責務を負っているのである。

このように、CESF は、生活に関わる日常的な伴走において適性を有
しているという特徴が認められて採用され、そのプロフィールから採用
数も増え続けている。
　一方で、これらの団体の中では職種の区別がなくなり、CESF による
介入の特殊性が薄れてきていることも事実である。
　ここで問題となるのは「CESF とアシスタン・ソシアルの差別化」で
はなく、「エデュケーターやコーディネーターとの差別化」である。と
いうのも、これらの小規模団体では通常、採用数が最も多いソーシャル
ワーカーは、エデュケーターとコーディネーターとなっているからであ
る。

◆ベネディクト（BÉNÉDICTE）：医療教育学校で働く CESF
　「私は医療教育学校に勤務し、『施設の衛生管理および保守』のワーク
ショップの指導をしています。私の役割はエデュケーターと同じです。
芸術、料理、裁縫、木工細工などのワークショップを指揮・指導します。
私は９時から午後４時まで生徒のグループを受持ち、オフィスや衛生
設備、窓ガラスなどを清掃するワークショップに関する活動を指導し
ます。ただ、それだけではなく、絵や装飾などの創作活動、市場など
への外出、おやつ作り、ゲームなどあらゆることをこなします。」

　「また、身体のケアに関すること（整髪、エステ、マニュキアなど）や、
参加者が後から自分で再現できるような栄養バランスを考えた簡単な
レシピを使った調理ワークショップも開催したりします。」

◆ロー（LAURE）：緊急宿泊センターで働く CESF
　「私は現在、女性専用の緊急宿泊センターに勤めています。センターは、
DV 被害女性を無条件で受け入れています。以前は男性のホームレスと
刑務所出所者のための社会復帰のための宿泊センターで働いていまし
た。現在のポストは、CESF としてではなく、『社会・家庭経済』の領

域専門のソーシャルワーカーとして採用されています。」

「主な役割は、クライアントの思いにしっかりと耳を傾けることです。
社会復帰ための宿泊センターにおけるソーシャルワーカーとして、包
括的な社会的伴走を行い、制度上の権利の申請、医療、雇用、教育、
交通手段、他の宿泊施設または住居探し、依存症のケアやより適した
施設への方向付けなどに関わります。」

「ここではクライアントに『教える』ということはしません。『教え
る』という言葉にはどこか違和感を覚えます。伴走の目的は一緒に走
ることであり、その人の能力と限界を尊重しながら、その人が自立で
きるように助けることです。『社会・家庭経済』の独自性は、人々の日
常生活に関する業務において大変有効です。」

◆エリアンヌ（ÉLIANE）：積極的連帯所得手当利用者に伴走する団体
で働く CESF
「私は 2 人の CESF と 2 人のアシスタン・ソシアル、1 人の職業復帰
アドバイザーから成る 5 人のチームで働いていますが、全員に同じ使
命が課せられています。私は利用者の伴走を行っていますが、受持ち
のクライアントが 90 人余りいます。」

「クライアントにはまず団体の活動内容についてのグループ説明会に
参加してもらいます。次に、個別面談を行ってクライアントの現況、
期待、バックグラウンドなどを見て、伴走の方向性を見極めます。軸
となるテーマとしては、雇用、教育研修、医療、家庭、住居や家計な
どの日常生活において解決すべき様々な課題が挙げられます。私たち
はそれらを評価し、問題点を明確にしてから、クライアントの状況を
理解し、どのような支援が可能かを考察します。この作業は、まずク
ライアントから提出された書類などに基づいて行い、さらにそれを掘

り下げて分析します。というのも、ある問題の奥に別の問題が潜んでいることもあるからです。」

「同時に、制度における権利の活用、CMU（Couverture maladie universelle）[注2]へのアクセス、公共交通無料乗車カードや住宅支援金などを受給できる可能性についても検討します。また、特に県議会で働く他の多くのソーシャルワーカーとパートナーシップを組んで仕事に従事します。」

「こうしながら、クライアントのニーズにできるだけ適合したパートナー機関にクライアントを導くように努めます。しかし、クライアントとの繋がりはそのまま保持し、担当ソーシャルワーカーとしてクライアントにとっての福祉全体がうまくいくように気を配っていきます。」

「通常、クライアントとの面談は２カ月毎に行っていますが、場合によっては月毎、あるいはより頻繁に面談を行う場合もあります。クライアントが団体窓口に直接出向けない場合は、こちらから自宅を訪問することもあります。また、クライアントが手続きを行う場所に付き添うこともありますが、伴走の本来の目的は、クライアントが自律的に動けるようにすることなのです。最も大変な作業は、クライアントとのやり取りで波長を合わせ、リズムを見つけ、お互いに理解し合い、『私たちは支援するためにいるのだ』ということをクライアントに理解してもらいながら、規則を守ってもらうことです。積極的連帯所得手当の利用者はアーティストやホームレスから離婚女性や高学歴者まで多岐にわたり、それぞれが何らかの社会的な問題を抱えています。」

「伴走期間は平均して３カ月程ですが、実際は極めて多種多様なケースが見られます。例えば、私が担当するクライアントの中には2001年から今日まで継続して伴走を行っている人もいます。ひとりひとり

の自立度によって伴走期間も変わってくるのです。受給者の伴走は受給が必要なくなった時点で終了とします。」

アシスタン・ソシアルと協働するCESFの活動内容

ソーシャルワーカーが2人で組んで行う介入でのCESFの具体的で実際的なアプローチは、アシスタン・ソシアルやエデュケーターによる「心理面をより重視した」アプローチを補完するものである。このようなペアになった介入では、それぞれが異なる担当を引き受ける場合と、2人の間の担当を区別せずに行う場合がある。

宿泊や社会復帰などを支援する民間団体においては、日々の伴走が重要であることを考慮すると、CESFが行う日常生活の管理についての教育的なフォローアップの役目および使命の重要性は明白である。

CESFはクライアントがアパートなどで自律的に生活したり、余暇を過ごしたりすることなどに関して介入を行う。

主な活動のプロフィールは以下のとおりである。

①他のソーシャルワーカーとクライアントの課題をシェアするという原則に則って、全体的なケアをする活動

　　このタイプのCESFのプロフィールは、児童や障害者受入れセンターなどで見られる。

②問題の性質や深刻度に応じてクライアントを分類する原則に則って、全体的なケアをする活動

　　深刻な心理的問題や人間関係上の問題を抱えるクライアントはエデュケーターが担当する。CESFはそれほど深刻でない問題を抱えていたり、主な問題は解決済みで、生活管理の課題解決のみが残っていたりするようなクライアントを受け持つ。

③組織内での専門的な活動

　　住居問題のフォローアップ、職業包摂のフォローアップ、求職支援や生活のフォローアップなどを行う。

例えば母子支援センターで働く CESF は、次のような活動をしている。

「私は家計と生活の伴走をする役割を担っていますが、受付スペースやカフェテリア、図書館など人々が集まってくつろぐ場所で、様々な教育活動を行っています。年若い母親は、エデュケーターとの関係では、決められたことを行い、面談も義務付けられていますが、私との関係は義務付けられたものではありません。心理的治療が大きな比重をしめる施設において、私が提案する活動は大きな意味を持つと思っています。」

◆ティファーヌ（THIPHAINE）：「乳幼児の家」における CESF
「『乳幼児の家』の役割はソーシャルワーカーと両親と子どもが会って話し、社会的な繋がりを育む場所をコーディネートすることです。親に対して権利に関する情報を提供し、オリエンテーションや権利へアクセスできることを伝えます。個人で乳幼児を保育する職業に就くことへの手助けもしますし、幼児を預かる場所を観察するという職務にも参加します。」

「私の典型的な一日は、午前８時に職場に着いてその日の準備を行います。午前９時には保育士が出勤してきます。午前９時半から９時45分までは静かにゲームをします。その後、工作、体操や音楽などのセッションを行いますが、なるべく活動の内容に変化をつけるように気を配っています。子供たちが作った作品は持ち帰ることもそこに飾っておくこともできます。またカーペット、乳児用ゲーム、子供用デッキチェアなどを使って乳児用のスペースを作ります。」

「活動は午前 11 時で終了し、保育士が帰った後に片付けをします。午後２時には保育士と親向けの行政・法的当直事務所を開き、契約や

給料表を作成したり、有給休暇や給与計算をしたり、係争の解決を行ったりします。」

「母子保護局とは常時連絡を取り合い、同局からは県の新しい情報が入ってきます。また、家族手当金庫に対しても業務報告書を提出します。私が担当する RAM ネットワーク[注3] を月毎にアップデートしています。また県議会で行われる RAM 関連の全てのミーティングに出席します。経理業務も受け持ち、RAM の運営予算を 1 人で管理し、備品も私自身で購入しています。」

◆ヤエル（YAÉLLE）：地域活動における CESF
「私の役割は主に2つあります。1つは、雇用・教育のアドバイザーとしての役割です。時として、養成訓練を介して若者の職業包摂を実現するための伴走をします。具体的には、履歴書作成の支援、就職面接の準備、教育・訓練に関する情報提供、企業との連絡支援などです。2つ目の役割としては、『生活アドバイザー』としての業務を行います。この職務では、住居、医療、家計、稀にですが、市民権（国籍）などの領域における介入を行います。」

「また、当直を担当する場合は、住居へのアクセス情報、支援、医療分野における権利やケアなどの活用に関する支援を行います。また、エイズ、性病、交通安全や喫煙などをテーマとしたグループ活動を企画し、主宰したりもします。さらに『医療・健康』をテーマとした朝食会や『ストレスの管理』をテーマとしたワークショップなどの司会も担当します。」

◆カリーン（KARINE）：社会生活の伴走サービスを行う CESF
「私は社会生活の伴走サービス団体で、10 人のクライアント担当として、個人的なフォローアップを行っています。全員が『障害者の権利・

自律性委員会』によって障害があると認定されています。私たちのクライアントは、どちらかと言えば精神障害と知的障害のある人たちです。」

「1日の業務は、その日に入っているアポイントの数によって違ってくるので、典型的な1日の業務スケジュールはありません。クライアントとは週に2回面談したり、2週間に1度しか会わなかったりしますが、忘れてならないのは、フォローアップする目的は、自律性を持たせるということです。私がクライアントの自宅に出向いて行くこともあり、逆にクライアントが施設に来ることもあります。」

「また、行政窓口、仕事による支援サービス機関など、クライアントにとって重要なアポイントなどに際して、1人で行きたがらない場合は付き添って行くこともします。」

「様々な状況において、医療、食生活、家計、雇用や余暇などについて業務を行うこともあります。また日常生活全般における支援のためにフォローアップを要請されることもあります。」

「クライアントは、まず課長および心理カウンセラーと面談を行った後、CESF または同僚のエデュケーターと面談を行います。ここから評価の期間がスタートし、クライアントの要請事項に焦点をあてて真のニーズを見極めなければなりません。時として、表面上の要請事項の裏により重要なニーズが潜んでいる場合もあります。この期間は1〜2カ月で、その後にフォローアップが始まります。」

「現在のポストでは、同僚とまったく同じ業務をしており、CESF の専門性を活用しているということではありません。私たちはまず介入者として認知されており、違いはむしろその実践の中に現れます。私

はクライアントとの関係作りにおいて具体的な物事を軸としています。一方で、エデュケーターである同僚は、むしろ心理的側面と対話を重要視しています。こうしたやり方も同様にその意味や理由があるわけですが、物事を具体的なレベルにまでブレークダウンすることはあまりないようです。」

　「私が CESF の職業を選んだ理由は、特に精神障害者や身体障害者のもとで具体的に活動し、日常生活や将来、独立した住居での生活に必要となる行動を一緒に行っていくことに特に興味を持ったからです。」

　また、サービスを提供組織における管理職業務の３つのタイプは以下のとおりである。

①管理、運営、財務——集団宿泊組織における管理および財務。特に、宿泊施設や高齢者向け宿泊施設の責任者
②中間的なアソシエーション、地域の集団的サービス。例えば、女性による「衣服の寸法直し」グループ活動指導などの管理運営
③組織の指揮運営——高齢者支援サービス、託児サービス、患者の付添い、個人の家庭のホームヘルパーやベビーシッターなどの業務を請け負う組織の管理運営

　これらの職務では、部門や職階の別を問わず、CESF の介入状況は極めて独自であると言える。つまり、主な業務は個別支援でも個別の教育活動でもなく、グループ指導活動でもなく、事務および管理者としての業務である。

後見人担当の団体における CESF

　ここで挙げた２つの部門の間には大きな違いがあるが、これらの両方の場合に共通するのは、社会的支援介入の要請がクライアントや家族そ

のものによってなされていないという点であり、CESF の活動の状況が非常に特殊であると言える。

　CESF を含むソーシャルワーカーは、後見人代理として、後見人担当課などで生活困窮者および複雑な心理的問題など複数の問題を抱える人の伴走者として採用されている。

　原則として、後見人代理の業務の大半は、家計管理や家計教育をテーマとした個人的介入である。これらの業務に従事するためには、家計、資産管理や負債返済あるいはクライアントへの伴走などが必要である。そして、食生活、住宅、医療健康やレジャーなどの日常生活のあらゆる局面において多岐にわたる行動が必要とされる。

　成人後見人課で代理を務める CESF は次のように述べている。

　「私が担当するのは、精神疾患などを抱えて社会から排除され孤立した人たちです。孤独感や病気に向き合う人に伴走するのが主な仕事です。まずは、適切な住居や食料が確保できるように、生活条件を整えることから着手しなければなりません。」

　「絶えず緊急の状況におかれて仕事をしている印象が否めません。精神病院から退院してきた人で、手持ちのお金のない人、あるいは家の鍵を亡くしてしまって困っている人など、様々なケースに遭遇します。また騒音を出したり、ごみの処理を怠ったり、大声で言い争いをしたりして、隣近所に迷惑をかけ、隣人から連絡が入ることもあります。一度は、近隣のホームレスの人を大勢招いて大騒ぎしていて通報された例などもあります。」

　後見人を取り巻く環境の特殊性は多々あるが、まず挙げられるのは、選任方法が法的に規定されていることである。この枠内では、CESF はアシスタン・ソシアルやエデュケーターと同列に置かれる。将来、後見人代理になる人は、専門の養成コースを受講できる。

　このような状況においては、CESF の特殊性が薄まる一方で、自らが所属する団体・機関への帰属意識が強化される。また、後見人代理は法的委任状を持って仕事に当たるため、他職種のソーシャルワーカーよりも優先的に介入でき、クライアント・家族と特別な関係が築かれる。

　後見人問題を取り扱う団体で働く CESF は、生活困窮や暴力の問題、ホームレスの問題などの極度に難しい問題に対処せざるを得ないため、介入に際しては特別な倫理の問題にさらされる。つまり、クライアント・家庭に代わって、CESF がどこまで物事の決定を下すべきなのかという問題である。

　成人後見人課に勤める CESF は、さらに次のように述べる。

　「家族の代わりとなって全てに対して決定を行うようなことはしません。クライアント・家族にも関わってもらい、必要な手続き等を自分でしてもらうことが重要です。つまり、介入のフォローアップにおいては、手取り足取り世話をするのではなく、クライアント・家族が自律性を得ることを目指すべきです。それが理想ではありますが、場合によっては不可能な場合も出てきます。また、中には後見人措置を拒む人たちもいます。そのため、まず人間関係をうまく築き、クライアント・家族に受け入れられるように努めることが第一歩です。その意味では初回の面談が非常に重要となります。」

低家賃住宅公社の社会福祉アドバイザーとして働く CESF

　低家賃住宅公社においてソーシャルワーカーが採用されるようになったのは最近のことであるが、その数は短期間で急増している。低家賃住宅公社がソーシャルワーカーを雇い始めた頃、CESF は比較的「曖昧」であり、同時に、非常に特化した役割を負っていたが、その後、社会福祉の使命において、業務の内容は明確になり幅も広くなってきた。

　CESF は自らが勤務する低家賃住宅公社の政策、目標、利益を踏まえた上で介入を行うため、外部から見た場合は、当然、その機関を代表す

るものとして見られる。また、同公社において独自に使われている「社会福祉アドバイザー」という呼称で呼ばれることで、CESF の組織への帰属意識はさらに強化されている。

　CESF とクライアントとの関係を特徴付けるものとして、次の２つの特殊な制約が挙げられる。１つは、CESF はフォローアップを行うクライアントのための解決策を模索しながらも、自らが所属する組織の利益を擁護しなければならない。もう１つは、財政的に極めて困難で係争事件にも発展しかねないような案件においても介入することである。

　また、低家賃住宅公社が社会福祉に関連した役割をさらに深めていく中で、CESF は介入を行っていくことになる。低家賃住宅公社は地方公共団体の社会福祉政策と足並みを揃え、地域における社会連帯に関わる要求事項にも対応しなければならないからである。

　低家賃住宅公社は、生活困窮者のための県の住宅関連計画、住居プログラムや社会連帯の都市型契約など、数多くのパートナーシステムに参加している。さらに、これらに加えて様々な社会福祉措置への参画や多重債務に関する法改正などによって、社会福祉的伴走や現場における職員の介入などの使命が認知されるようにもなっている。

　低家賃住宅公社における CESF の業務活動は以下のとおりである。

①家賃の未払い状況に関するフォローアップ

　　低家賃住宅公社の経理課および係争課との調停を行う。具体的には、家賃支払い方法の模索、家計管理の支援、補足的な財政援助や手当を検討したり、申請書類を作成したりする。フォローアップによって住宅からの退去を免れたり、より長期的な教育活動が行われたりする。

②住宅の割当てに関する技術的フォローアップ

　　クライアント・家族のニーズの聞き取りと評価、家庭の社会福祉面に関する調査、住宅割当委員会への参加、住宅引渡し時の訪問や転勤に伴う引っ越し関連の書類処理などを行う。

③住宅連帯基金（FSL：Fonds de solidarité logement）の書類作成の
フォローアップ

　関連する手続きを含む書類作成とそのフォローアップを行う。住
宅連帯基金委員会および多重債務委員会への参加、クライアント・
家庭に家計教育行動などを実施するフォローアップを行う。

④住居を探しているクライアント・家族のフォローアップ

　クライアント・家族のニーズの聞き取りと評価を行い、住居探し
や財政援助の検討と書類作成、フォローアップを行う。

⑤バリアフリー住宅などを必要とする家族のフォローアップ

　バリアフリー住宅の割当て委員会への参加、住居探し、社会的
伴走を担当する組織と連携し、新居におけるクライアント・家族の
フォローアップを行う。

⑥家賃を滞納しているクライアント・家族や住居関連の他の問題を抱
える家族のフォローアップを行う。

　このように、予防措置的活動、社会福祉的伴走や教育活動などを含
む個別介入において、CESFはより包括的な役割が求められる。また、
CESFは地方公共団体のパートナーシップ措置においては、組織を代表
する役割を担っている。

◆アニータ（ANITA）：低家賃住宅公社に勤務するCESF
　「私は低家賃住宅公社の2つの部署を受け持っています。業務として
は、まず、何らかの問題を抱えて家賃の支払いが滞っている賃借世帯
に介入します。賃借人は住宅の管理人や係争担当者からの指示を受け
て、私に連絡を取ってきます。」

　「そして、家庭の社会的状況と家計の診断を行います。場合によっては、
住宅個別助成金の再申請、他の援助を受けるための申請書作成の手助
けをします。各家庭が抱えた問題に応じて、地区のアシスタン・ソシ

アルや市町村福祉センターや慈善団体など、問題解決により適した機関のもとに導きます。その後、家計を見直し、滞納家賃を清算するためのプランを作成し、実行します。」

「また、収入が不安定な人たちの住居探しを行うこともあります。この場合、世帯に関する書類から住宅個別助成金を割り出し、提案する住宅の家賃が世帯収入に見合ったものかを見定めるために家計分析を行い、住宅割当委員会に対し答申を行います。まれに、住居の衛生状態、障害者や要介護者のニーズに合わせた住居空間のカスタマイズをすることもあります。」

「私が担当する部署の業務は比較的分散化しています。当直担当をしたり、家庭訪問をしたりすることが多いです。現在担当している賃借人の案件は約70件あります。伴走期間は、クライアント・家族の問題の程度に応じて大きなばらつきがあります。滞納家賃の清算プランを作成するために1〜2度面談して伴走が終了する人もいますが、中にはフォローアップが長期にわたる場合もあります。家計のフォローアップのために毎月面談することもあります。また、毎週電話してフォローアップしている人もあり、ケースバイケースです。業務負荷の多寡は、クライアント・家族の個々の状況によって変わってくるので、担当するユーザー数と業務の負荷の間にはそれほど関連性がありません。」

職業訓練および職業的包摂のための専門機関における CESF

前の章で記述したように、職業訓練および職業的包摂の部門で働く CESF は雇用が不安定であり、短期雇用契約の更新を繰り返したり、雇用形態がパートタイムであったりすることが多い。また、それほど条件の良くない職業訓練の小さな団体における直接雇用と並行して、例えば、家族手当金庫から出向した CESF を使うようなシステムが展開されて

いる。

　CESF は、教育チームを養成できる特別な能力を認められて選ばれたとしても、CESF としてではなく、訓練・教育担当者として雇用される。こうして CESF は訓練や教育を受ける人に対して、活動と専門性を開発する業務に従事する。しかし、職業的包摂のための職業訓練部門は極めて特殊な部門であるため、特に、教育担当者としての CESF は教育活動とソーシャルワークの境界に身を置き、教育、福祉教育および社会的伴走といった複数の役割を演じなければならない。

　CESF は日常生活における基本事項と読み書き、包摂のための研修、レベルアップの研修や資格取得の準備のための研修などが重視される訓練に従事したり、既に CESF が受け持っているクライアントに介入したりすることが多い。

　ここで開発された活動は、教育者としての活動の特徴を持ち、介入の活動の中心に位置するという二重の特殊性を有する。具体的には、教育活動の発案・企画と実施に関する業務を行い、介入の目標、内容や方法を策定したり、授業を担当し、教育方法の指導と研修者の教育を担当したりする。

　また、CESF は日常生活に関わる様々な領域についての基礎教育と相互補完性を持つ介入活動を行う。具体的には、衛生、医療健康、住居、家計、スケジュール管理、家の中の整理整頓、手続き、書類作成、求職、住居探しおよび研修生の社会的フォローアップを行う。

◆シルヴィ（SYLVIE）：社会福祉センターにおける社会包摂のための研修担当 CESF

　「CESF はそれぞれ地域別の受持ちがあります。私は社会福祉センターで家計教育活動を行っていますが、もう１つ別のセンターで社会参入最低所得手当[注4]利用者の社会復帰のための研修を担当しています。この研修に関して、私はほぼ全体の研修および指導を担当しています。これは『日常生活』への復帰を目指す研修で、食生活、住居、健康、

消費など生活に関わる全般の領域が関係してきます。社会復帰を目指すクライアントは、まず読み書きを習った上で、社会で暮らすことを身に付けなければなりません。職業復帰については、県の社会参入最低所得手当[注5]の担当者につなぎます。」

「最初、私はこの福祉センターでは料理教室などを行っていましたが、その後、積極的連帯所得手当関連の活動に移行していきました。」

「研修は1年間続きますが、クライアントの最初と最後を担当するアシスタン・ソシアルと一緒に総括を行います。家計に問題がある場合は、アシスタン・ソシアルからの要請に応じて個別のフォローアップを行います。また、子どもの教育に課題のある家庭には、エデュケーターまたはアシスタン・ソシアルに繋ぐようにします。」

「もう1つ別のセンターでは、週に1回、当直や家庭訪問の形で家計教育活動を行っています。アシスタン・ソシアルや低家賃住宅機構、あるいは口コミや銀行を介して相談に来た人と面談します。特に、家計管理や多重債務書類の調査などを行い、そこを入口として食生活、余暇、車など日常生活の全ての領域に関わる話題に触れます。」

「また、アシスタン・ソシアル、低家賃住宅機構の係争担当者や福祉担当のCESFなどと定期的に会って現状確認などを行っています。」

このように、職業的包摂の分野がCESFに開かれたことにより、オリエンテーションの領域に類似した活動が多くなってきた。つまり、職業安定所のようなオリエンテーション機関の養成者と同じタイプのポストに雇われるCESFが見られるようになった。
CESFがこのようなポストに採用されるのは、オリエンテーションの役割の中で、若年層の抱える問題をより包括的に考慮しようとする意向

が働いている。ここでの活動内容は、情報提供やオリエンテーションおよび調停が中心となっている。

　このような役割を果たすために、CESF は養成学校の教育課程で修得した知識に加えて、雇用、訓練育成や既存の制度措置などに関する知識を補完し、身に付ける必要が生じる。それによって、住居を始めとする日常生活の様々な問題に関する一般的な情報や技術的支援に関して CESF の能力を発揮でき、掘り下げたフォローアップができるようになる。

　このように、CESF の活動や業務に関する結論として、活動が多種多様にわたっていることが確認できる。困窮者や差し迫った状況にある人達を対象とした個人的な教育支援および教育活動の領域においてフォローアップするという活動などの「中核をなすもの」が明らかになってきた。

　しかし、CESF の仕事は特定の領域に限ったもの、あるいは特定の領域に軌道修正されたものと結論付けることはできない。というのも、CESF による職務の可能性が、地方公共団体における福祉活動の推進開発などにおいて財務管理、管理運営、技術・組織化やプロジェクトの調査・開発など多岐にわたる活動においても認められるからである。

　様々な職種のソーシャルワーカーの間の「非差別化」や「非専門化」の傾向が高まる中で、CESF 自身の意識や雇用主の認識レベルにおいては、依然として CESF は特殊な職業であると認知されている。CESF の多くは、採用手続きに際してソーシャルワーカーの非差別化の現実を認識したとしている。

　その中の 1 人は次のように述べている。

　「農業共済金庫を始めとする数多くの組織や機関において、CESF とアシスタン・ソシアルは同じポストに配属されています。担当が地域別に分かれ、家族手当金庫と同じように、個別活動でも集団活動でも同じ職務に従事しています。CESF とアシスタン・ソシアルは、養

成課程や職務経験が違うために異なる専門性を有していますが、それらを互いに共有しながら業務を行っても、特に問題にはなっていません。」

「家族への支援活動を行う団体の後見人担当課にいた時は、同じポストの同僚にエデュケーター、アシスタン・ソシアル、CESFがいました。」

一方で、CESFの間で共有された独自のやり方を擁護し、特殊性を維持すべきという考え方に立つCESFも多い。つまり、ソーシャルワークの各職種が統一され、似通ってくる方向に進む世の動きの中で、CESFにおいては行動倫理と言うべき職業倫理が脈々と息づいているとも言えるのである。

2．適応能力に優れた職業としてのCESF

あらゆる職業は、自らを正当化するための論拠を持とうとする。CESFもその例に漏れない。そこで、CESF自らが行動との関係をどう考えているのか、また、規範体系に関してどのような見解を持っているのか、分析してみることは重要である。

しかし、CESFがソーシャルワーカーへの帰属を希求しながらも、同時に、他の職種のソーシャルワーカーとの差別化を望む姿勢に曖昧さが見られるために、こうした分析は困難であると思われる。

次に挙げるCESFの談話が全てを象徴しているかのようである。

「わたしたちは、CESFの特徴というよりもソーシャルワーカーとしての特徴を有しており、他職種のソーシャルワーカーと共に、ソーシャルワークの共通の土台に基づく価値観を共有しています。その意味

で、私たちにとってアシスタン・ソシアルと同じ原則を守るというのは、当然のことです。」

「例えば、CESFには職業上の守秘義務はなく、倫理規範もありませんが、実際には、まるでそれらが存在するかのように行動しています。自分のことは何よりもまずソーシャルワーカーであるとみなしています。とはいえ、CESFは他職種のソーシャルワーカーに比べ、物事を非常に具体的に取り扱い、実際主義に則ったアプローチに徹して物事の本質を見ようとすることも確かです。」

「家計については、技術的に厳密に介入をします。妥協をせずに、着地点も視野に入れた上で、物事を秩序立てて管理しますが、例えばエデュケーターは物事を秩序立てたやり方はできないようです。」

CESFはソーシャルワークの規範に則りながら伝統的なやり方に合致させるような方向で業務に従事する。専門知識を活用する際の規範となり、CESFという職業のアイデンティティを作り出しているのは、職業の倫理というよりは行動の倫理ということになる。

自らを模索し続けるCESFの抱える問題点

これまで、CESFの介入領域の境界に関する問題および介入の意味に関する問題という二種類の問題について触れてきた。以下、これらの点について考察していく。

介入領域における境界に関する問題

CESFによる介入の領域に「境界線を決める」という問題ではなく、倫理的な観点で言う「CESFにとって、自らの使命に基づいて受け入れ得る役割やタスクに制限があるか」という問題がある。

CESFが介入する領域の制限はどのようにして定められ、介入の境界

線はどのような原則に則ったものなのだろうか。この質問に対する明確な答えは未だ出されていないようである。

　この介入の領域における境界線の問題は、指導や予防的措置などの家庭科教育から受け継いだ活動による介入ではそれほど問題にならないだろう。ところが今日、CESF の活動内容が変化し、深刻な問題を抱えた家庭への介入や、同時に複数の課題を抱えた生活困窮者への対症療法的な介入など、介入の領域が拡大されたことによって、このような問題が浮上し問われるようになった。

　例えば CESF も、アシスタン・ソシアルほどではないにしても、クライアント・家族に対して緊急に介入するケースが従来よりも増えてきている。そのため、CESF の特殊性を維持していたとしても、CESF がソーシャルワーカーとして差別化されない業務に従事することがますます増えている。

　県議会や市町村で働く CESF にとって、アシスタン・ソシアルと CESF の役割分担の境界線がそれほど明確になっていない問題は前述したとおりである。

　介入の境界線が設けられることに関する疑問や問題意識を最も持っているのは、県議会や市町村役場に勤める CESF である。

　ある地方自治体に努める CESF は次のように述べている。

　「アシスタン・ソシアルがすべき仕事を CESF が請け負っているような印象を抱くこともあります。私たちは職域の範囲の限界について教えられていないので、どの時点で『自分の担当はここまで』、と身を引いて良いのかわからないのです。特に、急を要する状況に絶えず身を置いている場合には、このような判断が難しくなります。」

　CESF がまず自らに問うのは、家族を対象とした場合の介入の範囲についてである。CESF は家計と生活を主軸としたアプローチの独自性を主張する。しかし、福祉を受ける権利や各種の法律、人間関係や心理的

問題など、他の領域に関して CESF はどこまで支援すべきなのかという疑問が生じる。自分たちの専門性の限界を超えないように留意しながら、クライアントの抱える全体的な問題を引き受けて対応することができるのだろうか。

　なぜなら、CESF が価値と重きを置いている自らの多能性こそが、一種の曖昧さを招き、境界線を引くことを困難にしているからである。極めて広範囲で多岐にわたる活動を目指す CESF にとって、「自らの対象に収まらない活動は何か」を定義すること自体が逆に難しい。

　このように不明瞭な部分について、肯定的な意見もある一方で、特に、アシスタン・ソシアルとの差別化が図られないという懸念を持つ意見もある。どの職種のソーシャルワーカーとも区別がなくなる方向に流されていることに対して、危機感を抱く CESF は自らの業務範囲に明確な区切りがつけられることを望んでいる。

介入の意味に関する問題

　家計管理のオリエンテーションなどに関する介入の条件とその意味は、倫理および職業倫理に直接的に関わる問題と言える。

　CESF が経済状況の不安定なクライアントに介入するケースが増えてきているが、この場合、CESF は家計教育支援のための介入を提案できる最低限の条件があるのではないか、または、家計教育支援を目的とした介入が意味をなさない場合も出てくるのではないかとの疑問を持つこともある。

　例えば、世帯収入が一定レベル以下の場合、家計教育活動のための CESF の介入が意味を持つのだろうか。

　ある CESF は次のように述べている。

　「積極的連帯所得手当の利用者のように、自ら得る収入がまったくない上に薬物常用などの問題を抱えた人のケースなど、無収入の家庭の担当が回ってきたりもしますが、まったくナンセンスだと感じていま

す。このような状況で CESF として何ができるというのでしょうか。」

「私は積極的連帯所得手当の利用者や、住宅関連の介入における家計教育指導は断っています。」

その理由は、意志的な教育指導をするには生活不安の程度が甚だしく、取りかかるのが困難だからである。しかしこのように拒否できる場合はまれであり、生活が極度に不安定なクライアントに介入を行うことが「日常茶飯事」になってきている。

このような問題に対し、CESF の職業集団としての正確な答は出されていない。とはいえ、CESF が状況を問わずに介入するということはあり得ない。

さらに、CESF が活動を成し遂げるための 2 つの原則が主張され始めている。1 つは CESF の意志を尊重し、契約を介した関係を作るということである。もう 1 つは、いかなる場合でも、家計教育支援が無収入であることの弥縫策となってはならないという原則である。

CESF には倫理規範がないとはいえ、CESF が共有する価値観は存在し、それが CESF の実施するアプローチを形成するものとなっている。

CESF のアイデンティティを担保する行動倫理

CESF が共有する価値観は、二重の規範を基礎としていると言えよう。1 つは具体的であるということ、もう 1 つは教育目的を持った行動であることである。

具体的であるという価値観は、「具体的に動くこと」と「効果を出すこと」によって、CESF が介入する際の重要な性質、特徴付ける姿勢や提案する方法を定義付けるベースとなっている。

ある CESF は次のように述べる。

「人と関わって触れ合い、さらに具体的な行動を取るということが自

分の性分に合っていると思います。CESF は非常に実際主義的な面があり、日常生活のあらゆる課題を取り扱うことができます。CESF は他職種のソーシャルワーカーに比べ、より実際的な対応を行い、日常生活を実際面から管理する能力という、CESF に求められる特徴を自分が持っていることに気付きました。」

CESF による介入の性質

CESF は日常生活、家計、生活の物質面などの問題の具体的な評価や日々の生活に関わる問題を具体的なレベルで扱い、さらに、これらすべての領域の課題について具体的な解決策を示すことを目指している。この意味で、CESF は「総論」や「包括的な解決策」、さらには「定期的なフォローアップを欠いている措置」などの業務を懐疑的に見ている。

CESF の態度

CESF は自らを絶えず行動し、具体的な行動の中に解決策を見出そうとする職業であると特徴付けている。例えば、討議や会議においても目の前にある問題に対し当面の行動またはより長期的な行動を提案する。

この「即座に行動に出る」、「具体的に行動する」という態度が問題視される場合も生じる。「具体的に行動する」ことは、CESF にとってクライアント・家族に対して「解決策を提案し、具体的な答を見つける機会を自らに与える」ことも意味する。

このような効率性を重視するという態度は、裏返して言えば、活発に行動しすぎて疲弊してしまったり、あるいは、技術とツールだけでなく介入の効力を過信してしまったりするリスクもはらんでいると言えよう。

CESF による介入の方法

CESF は介入の方法に関する専門性においても、行動における効率性を主張する。指導活動、コーディネートやプロジェクト考案の方法についても「行動すること」がその主軸に据えられる。

CESF のこの部分については、他職種のソーシャルワーカーと対峙した位置付けにある。具体性と効率性をメリットとする価値観は、時としてエデュケーターの属性とされる「問題を心理的側面から扱う」性質と相対するものとなる。また、社会福祉の権利の領域において介入の限界に突き当たり、行動における無力感にさいなまれるアシスタン・ソシアルとも相対する。

　この対峙関係を図式化すると、次のように言えるだろう。

　「CESF の具体的アプローチ vs エデュケーターの心理的アプローチ」、「CESF の日常的な行動 vs アシスタン・ソシアルの無力感」、「実働的な CESF vs 複雑な構造を持つ解決策」、「即座の行動 vs 行動の先延ばし」などである。このようにして、CESF がエデュケーターやアシスタン・ソシアルと正対しているシステムが明確に示される。

　このような対立的な関係を含むシステムにおいて、CESF は、他職種のソーシャルワーカーに比べて「過大評価」される風潮も見られる。しかし、この過大評価の風潮は、CESF がアシスタン・ソシアルやエデュケーターと肩を並べ、ソーシャルワーカーとして認められることにいまだ苦慮している現実を補うものとなるのだろうか。また、フォローアップ技術や面談技術といった特定の領域において他職種のソーシャルワーカーの養成課程や専門性に及ばない部分を補完するものとなるのだろうか。

CESF の介入の教育的側面に対して認められる重要な役割

　CESF は 1960 年代に「ソーシャルワークの専門技術者」と呼ばれたが、現在の CESF はこうしたイメージに対して懐疑的な態度を取っている。この表現から受ける印象は、ツールを活用した行為そのものに気を取られるあまり、その使命を見失いがちになるというものであった。

　ある CESF は次のように述べている。

　「私たちの仕事は、ただ単にクライアントに解決策を与えるだけでは

ありません。クライアント自らの力で、自分が置かれた状況に対する答を見つけられるように導く役割も果たさなければなりません。」

「私たちの職業は、クライアントのニーズと生活に最も近いところに身を置くことが大切です。クライアントが自律性を得るための有用なツールを見つけ、情報を得るための支援を行います。CESF がクライアントの代わりに行動することが最終目標ではないのです。」

CESF は、クライアントに対して単に手を差し伸べる支援者の役割とは一線を画している。介入における教育的側面に重きを置き、「必ずしもその人に援助するということではなく、クライアント自身が自立して自分のことを自分でできるようになるための支援を行う。このような教育的な側面という表現は最も広い意味で使われている。

つまり、CESF が既存の教育活動に介入する場合でも、受付担当としてであっても、短期・長期の別を問わず、家庭に対する支援は必ず生活の実際面に関するノウハウなどの一定の知識を伝授する形で行われなければならない。

これらを踏まえた上で、CESF は次の 2 つの条件が重要であるとみなしている。1 つは、単発的かつ応急的な介入ではなく、中長期にわたる介入を通して行動が取れることであり、2 つ目に、定期的なフォローアップを期して、クライアント・家族に直接的な介入ができることである。

ここでも同様に、CESF の職業的価値観がソーシャルワーク全般の価値観と一致している。クライアント・家族の習慣や行動様式の変革によって状況の改善を目指すために、長期的な行動を仕掛けなければならないとの主張や要求は、アシスタン・ソシアルの単純明快なビジョンとは正対するものである。

なぜなら、アシスタン・ソシアルは、「教育的な行動よりも困窮者支援と経済的援助」を目指し、「時間をかけた行動よりも急場の問題処

理」を優先し、「直接的なフォローアップよりも事務的タスク」を中心に行うからである。

　同様に、CESF は現場やクライアント・家族に対する直接的な行動を重視するという価値観や概念を擁護している。しかし、この概念は、専門性という概念を軸とした新たな価値観が浸透するにつれて、少しずつすたれてきた印象がある。

　「専門性」という概念の価値がより重んじられることによって、現場やクライアント・家族との直接的コンタクトとは一定の距離を置くことが推奨されてきた。「専門家」は、単なる知識だけに終始することなく、他のツールも活用し、現場担当のソーシャルワーカーに取って代わってしまうことも起こり得るのである。

　われわれがインタビューを行った CESF の大半は、現場から遠ざかる立場に身を置いたり、事務業務に従事したりすることは、フォローアップを行うクライアント・家族との直接的で定期的なコンタクトを遠ざけてしまうものとして、反対の立場を表明している。

　また、インタビューの中で、CESF はソーシャルワークの進化および専門性の重視などに関する議論と距離を置いているかに見える。この議論は、しばしば CESF によって「専門性」と「専門化」が同一視されることにより、さらに曖昧なものとなっているようにも見受けられる。

　CESF が自らについて語る内容に鑑みると、他職種のソーシャルワーカーの職業規範に比して、CESF の規範体系を特定することは容易ではない。実際のところ、その違いは、根本的な違いというよりは、いくつかの価値観が多少修正された程度のものだとの印象を受ける。

　シャプリーによると、「職業モデル」における価値観は社会福祉に中心軸が置かれているという（Chapoulie, 1973）。「職業モデル」は行動そのものに内在する品質に対して大きな価値を置くものである。

　また、「信念の倫理」は原則および規則、真や善などの重要な規範に関して譲歩を拒むものである。その一方で「責任の倫理」は、「理想と実現可能なもの」、「絶対と相対」、「理論上の成果と実際の効果」とのそ

れぞれ間での交渉や歩み寄りをしながら、偶然性と折り合いをつけようとするものである。

　このように「職業モデル」と「信念の倫理」および「責任の倫理」の間の対立関係を図式化すると、CESF はどちらかと言えば、後者に位置付けられる。

　こうして見ると、CESF は「行動することの効率がそれほど高くない」という理由によって行動しないでいることを拒み、そして、制約、規範、クライアントや機関をシステムの中に組み込むために、目の前にいる関係者らと妥協することも辞さないという姿勢を取るのである。

〔注 1〕社会参入最低所得手当（RMI）は 2009 年に積極的連帯所得手当（RSA）に移行しているので、積極的連帯所得手当のことと思われる。RMI、RSA はともに低所得者の所得補償等を目的とした現金給付である。

〔注 2〕CMU は低所得者に対し医療費の自己負担分を国が代わって負担する制度で、2016 年に廃止され、現在は PUMA（Protection Universelle maladie）に名称と制度が変更された。

〔注 3〕RAM（Relais d'Assistantes maternelles〔Assistante Maternelle〕）ネットワークは乳幼児ベビーシッターのネットワークで、現在は RPE（Relais Petite Enfance）に改称されている。
　　　自宅で乳幼児を預かる保育職同士や、保護者や子どもの交流の場であり、懇親会なども企画するほか、業務の質の向上を期した情報の交換、交流、テーマ別ミーティング、音楽や工作などの教育的ワークショップなどの場を提供する。また、保育職に対し、職業へのアクセスの条件、労働者の権利などに関する情報提供も行う。

〔注 4〕注 1 を参照。

〔注 5〕注 1 を参照。

第4章

CESF の専門性、知識
および養成課程

1．多様な職務状況における CESF の専門性と知識

　専門性とは、例えば、家計管理を支援する能力、住宅支援の申請書類を作成する能力や栄養バランスの取れたメニューを作る能力など、特定の分野において行動がとれる能力を指す。これらの専門性は、特定の職業で求められることも、複数の職業で求められることもある。また、いろいろな形で発揮され、新たな公共政策と管理において必要となる専門性が増えた場合には、これらの専門性が欠如するという場合も生じるだろう。

　これとは逆に、従来、特定の専門性を必要とした業務活動が、家族手当金庫のような事業者が手を引くことによって希少化し、活用されなくなるような場合も出て来るかもしれない。また、福祉センターにおける

コーディネートの需要が減り、CESF が展開していたコーディネーション活動が下火になっている現状がある。

それとは反対に、各関連機関や施設間のコミュニケーションのやり取りでの報告書作成のニーズが増大し、評価表や報告書作成のような新しいタイプの専門性がより求められるようになってきている。

専門性とは、特定の状況において知識を活用するための能力ということもできる。しかし、CESF の場合、専門性は複数の側面を持つ。上述したとおり、専門性とはクライアントのニーズの診断や特別な技術を教える能力といった、実践的な業務やそのやり方に関するものである。

同時に、組織管理、業務および介入に関する財政管理や時間管理など、自らが職業に従事する際の管理能力でもある。さらに、クライアント、業務のパートナーや組織・機関との関係作りに関する専門性は社会的側面を持つ。

CESF の業務内容を具体的に検証していくと、専門性は大きく次の 4 つに分類される。

それは、

①個別支援と個別教育活動
②教育のグループ活動
③社会福祉のあり方の考察とプロジェクトの設計
④管理運営

である。

CESF が就いたポストに応じて、以上の 4 つの内のいずれかが優先されるが、複数の専門性が同時に求められる職務も少なくない。さらに、これらの多種多様の業務に対して、横ぐしを刺すように関わってくる総括、報告書作成や情報提供などの事務作業を行う職務が増え続けている。

これは、職場の雇用主側の論理と管理の論理がより強化されているこ

とに起因する。

個別支援および教育活動を行う能力

　家庭生活や社会生活の様々な課題を取り扱うCESFは、情報を収集し伝達する目的でクライアントとコンタクトを取って関係を築くことを必要とし、そのための能力を開発しなければならない。

　CESFは、市町村の情報センターやコーディネートセンターなどのように、すぐに役立つ手持ちの情報を提供するのとは異なり、クライアントにとって「未知の情報」や「入手困難な情報」を探索する能力が必要とされる。

　さらに、情報をクライアントに正しく伝えるため、「用語を平易な表現に言い換える」のに不可欠なノウハウが必要とされる。特に「日常生活に関連する事柄について、ユーザーが理解できるようにかみ砕いて説明する」能力の修得が求められる。

　この能力は、仲介を行うための重要な能力であり、特に人と人との間の仲介や調整、あるいは教育支援における担当者、最低参入手当の利用者の担当として従事する場合に重要な専門性の1つとされる。このような仲介や調停において、介入する他職種のソーシャルワーカーや行政のネットワークを活用する能力も必要となる。

　そのためには、行政上の窓口やネットワークについても、窓口担当者と連絡を取るための手順や手続きについても熟知している必要がある。その意味ではまず技術や技能が不可欠である。

　しかし、ここでいう技術や技能とは、各関連機関の役割や正式な組織図に関する知識だけを指すわけではない。各関連機関に関する実践的な知識に基づき、その機能の論理に関する評価もできなければならない。

　地方分権化が進展し、地方における国の出先機関の再編が進むに従い、制度がますます流動的なものとなってきている。その動きや変化を正しく把握し、理解するには、高度な専門性が必要となる。理論上の知識と実践上の知識の両方が同時に要求されるのである。

この点に関して言えば、われわれがインタビューした中で最も若いCESF は、「新人の頃は、自らのポジションを意識して、地方議員に働きかけることが困難であった」と述べている。

クライアントの状況を分析し、そのニーズと制度上の権利を正しく評価、把握する能力

CESF に特有の専門性とみなされるのは、介入における実際的な分析・評価能力である。つまり、直接的または間接的に解決策を提案するためにクライアントのニーズを評価することである。インタビューに答えたCESF は次のように述べている。

「アシスタン・ソシアルは、そこに予算や資金がなければ何もできない場合が多いのですが、わたしたちCESF は、クライアントに対して（アシスタン・ソシアルのように）家計を支援する現金給付等の手続きの業務を受け持っているわけではないので、『家庭の秩序立てを改善するために何かしらできることが必ずある』という視点と姿勢で介入に臨みます。」

このようなCESF の介入は、他職種のソーシャルワーカーによる介入よりも効率が高いとも言われている。CESF は、クライアントの状況の評価を行った上で、よく言われることではあるが、自らが「実行する」のである。これについてはインタビューした多くのCESF が特に強調している点であり、またCESF の雇用主も同様に考えている。

また、CESF は、中でも、省エネと持続可能な開発に関する新しい考え方に精通している。クライアントに対するこの教育プログラムを実施するにあたり、「基礎知識と技術を伝達する能力」を修得していなければならない。この力は、CESF の専門性であり、同時に家庭科教育および家庭科教員課程の根幹を成してきたものでもあった。

とはいえ、われわれがCESF や養成学校の教員や雇用主に対し行っ

たインタビューで、「伝達するという能力」が特に強調された例はあまりなかった。

　なぜなら、家庭経済や家事に関する基礎知識や技術を教えることは、より「社会福祉的な」性質を持つプロジェクトに比べて重要度が低いため、この専門性は二義的とみなされることが多いためである。しかし、「学校の教科」として教えられなくなった家庭経済や家事に関する知識は、CESF が社会的包摂の課題を抱えたクライアントに介入する機会が増すに従い、新たな視点で活用されることが増えてきている。

　特に、社会的に排除されている人においては、日常生活の営みにおいて必要となる行動様式を学び直さなければならない場合が生じる。つまり、教育者としての CESF の業務は、家庭に介入するホームヘルパーや乳幼児保育アシスタントなどの職において新たに見直されてきているのである。

　また、作業の成果を評価する能力は、強固な専門性を持つために必要不可欠である。これには自らの仕事を顧みることが強いられる。「確認可能な進捗状況」や「得られた成果の定量化」は、専門性の基礎をなす要素の１つである。

　さらに、管理的側面も重要視されるべきである。というのも、「達成すべき目標に対する作業の進捗状況の定量化」や「達成度の指標評価」を行うためには、観察期間を設定し管理していかなければならないからである。

集団活動において「オールラウンド」の指揮指導を行う能力

　集団活動においては、グループのニーズ診断、プロジェクトを策定する能力、グループを指導する能力やグループのパフォーマンスを評価する能力やパートナーと連携する能力などの独自の専門性が求められる。

　グループを指導する能力は、ソーシャルワーカーすべてに共通する専門性になりつつあるとはいえ、CESF は他職種のソーシャルワーカーに比べて優れている。この専門性の修得には、CESF の初期養成課程にお

いて行う集団指導のためのロールプレイが大いに役立っている。

　一般には、こうした専門性は現場においてのみ習得されるものと思われがちであるが、われわれがインタビューした CESF は「新人として現場で実践を行った際にも、特に問題はなかった」と答えていた。

　この点からも、養成課程やキャリアの初期段階での短期雇用も、一部の CESF にとっては無視できないほど重要な役割を担っている。さらに、集団活動を指導するという専門性を「教育」あるいは「社会や文化分野の教育指導」の領域のみに閉じ込めてしまうのではなく、極めて広範にわたる活動で活用されていると捉えるべきである。

　例えば、社会性をはぐくむグループ活動、クライアントのグループや課題が一致するグループなど、グループの構成、置かれている状況や期待が非常に多様なグループ活動を指導する業務に使われる。具体的には、プロジェクトの支援、社会的包摂の支援やグループをまとめるための支援業務である。グループ活動の領域においてもまた、乳幼児保育アシスタントや緊急宿泊施設における伴走などが増えてきたことにより、新たなニーズが生じてきている。

特に複雑な社会・経済的な状況を分析する能力

　ここで分析する能力は、直接的にクライアントの人間関係に関連したものではない。これは、地域の社会的・経済的文脈を分析する能力、設備やサービスに関するクライアントのニーズを評価する能力、さらには地域において機能不全に陥っている事柄を診断する能力などの専門性である。したがって、社会学に基づく科学的ツールを使いこなす能力が要求される。この専門性は年々、重要性を増している。

　集団的利益を考慮した社会支援的介入の概念が取り入れられ、各職種のソーシャルワーカーの養成課程の基準に盛り込まれたことは、この能力に対する関心の高まりを示すものである。

　地域レベルの福祉活動を展開するプロジェクトに加えて、今日における福祉活動の原動力の１つとして、経済的包摂を挙げることができる。

　他の職種のソーシャルワーカーと同様に、CESF も介入の要請を受け、雇用と経済活動を主軸とする新たな解決策の考案や企画活動に関わり、アドバイザーや地域のコーディネーターとして参加することがある。

　このような使命を成し遂げるためには、プロジェクトを実行する能力が求められる。この専門性は、経済的包摂だけでなく、例えば、高齢者が自宅で生活を維持継続するためのサービスにおいても活用される。つまり、様々な状況やプロジェクトにおいて活用できるほどの一般的性質を持った「実行する能力」であると言える。

　これらのプロジェクトにおいては、社会・組織・職業的に異なる関係者全体に対し業務を遂行する能力が求められる。さらに、全体の意見を総括する能力と、関係者に対してプロジェクトを理解させ関心を引くような能力も必要とされる。そのほか、プロジェクトの実行において、CESF には管理能力が求められることは明らかである。

サービス・研修を管理し、組織を管理する能力

　福祉団体やホームヘルパーサービス事業などを行う組織を運営し管理していくためには、管理という「物的要素に関わる能力」と「人を管理する能力」という２種類の専門性が求められる。

　これらの専門性は、サービスまたは業務の管理運営を行うために、あるいはより幅広い観点から組織を指揮運営していくために活用される。そのため、物的および人的に業務単位を組織化し、グループの業務のコーディネートを行い、管理する能力が必要となる。

　また、パートナーまたは職場のスタッフとの交渉能力や組織を代表する能力も必要とされる。

　なかでも、CESF の専門性において、「介入の組織化」と「方法論に関する知識」の重要性については強調されなければならない。このような知識は、様々な領域で効率的な技術応用を可能とするもので、実用的な知識や理論的知識とは次元の異なる手続き上の知識であり、未経験の状況においてでも、状況に適応した方法論を「再使用」する形で応用す

ることができる。

　これはクライアントに対するアプローチの方法論についても、診断の方法論や課題に対する具体的な解決策の模索についても言えることである。

2．CESF 養成課程の強みと弱み

CESF 自身の観点

　われわれがインタビューした CESF は、フォローアップ業務に関する養成課程の最大の弱みは、個別の面談技術であるとした。その内の一人は、「業務に就けば、待ったなしでフォローアップのニーズが生じるため、それを短期で身に付ける必要があります」という。また、養成課程における法律知識および心理学の講義も不十分であるという。

　CESF の介入領域が児童保護と成年後見人にまで拡大されたことを考慮すれば、CESF 自身および雇用主の双方のレベルで、これらが養成課程に欠けていると認識されている。社会的弱者に介入する場合は、クライアントとの面談を適切に行い、理論的かつ手続き上の知識を修得していることが前提である。

　ある児童保護機関の雇用主は次のように述べている。

　「特別に CESF に限定して採用しているわけではないのですが、求人を行うと、応募者のほとんどが CESF なのです。チームにおいては、多様なプロフィールの人が集まって初めて様々なアプローチを行うことができるようになるのですが、この観点からチームが CESF のみで構成された場合は、CESF による児童保護のアプローチには限界があるので、残念に思っています。」

　「これらの要素について、CESF は基礎教育で具体的なことまでは十

分に学んでおらず、関連科目は学業レベルに留まり、心理学的アプローチのやり方を知りません。ところが、扱う対象として、非常に劣悪な状況にある家庭、心理的に難しい問題を抱えた家族や親が個人的に極めて深刻な問題を抱えたケースなどにも遭遇します。」

「アシスタン・ソシアルやエデュケーターと違って、CESFの養成課程ではこれらの課題に対応できるだけの教育を受けていないのです。CESFは具体的な問題を扱うことには慣れていますが、心理的な問題の認識にはうとく、法に則った児童保護の問題は彼女たちの手に余るようです。」

CESFは、初期教育で習得したテーマ別の知識をさらに深め、アップデートしていく必要性があると自ら感じているが、それほどの困難なく解決できるように見受けられる。これらは情報として直接的または間接的に伝授できるような知識である。

社会福祉や住宅に関する法律などの知識は養成課程で理論を学んでいるが、クライアントに対して実践的な答を提示するためには、より正確な知識の習得が求められる。健康、医療、家計、食生活などのテーマ別の専門的概念についても、十分に活用されるためには絶えず補完的な情報の検索が追加されていかなければならない。しかし、仲介役や調停役としてのCESFは、その本領が発揮できていると言えよう。

その養成課程の枠組みは以下のとおりである。

まず、関係機関に関する十分な知識を得るための教育が挙げられる。ただし、各機関の動態および戦略の概念について、より確かな知識を持つべきである。CESFの中には、関係組織・機関を戦略的・社会学的に分析することによって、これらの概念の不足を補うことができるという考えもある。

また、CESFは行政や官庁の用語をかみ砕いて平易な日常語に説明するための高い能力を習得している。また、具体的に伝える能力も高い。

あるCESFによると、ケーススタディによって学んでいるので、物事の具体的な側面については強みが発揮されるという。

　さらに、CESFはプロジェクトを企画・進行する方法についても強みがある。CESFは介入とグループ活動について十分に学んでおり、状況を想定したロールプレイやテーマ別の教育的プレゼンテーションの場での訓練によって技術を習得している。また、クライアントを評価し、状況にあったツールを考案する能力にも優れている。

　あるCESFは強みとして「プロジェクトを組織する力」を挙げ、問題となるのは政治に起因する相互干渉と関係者の戦略などの「外部」の制約であって、CESFの持つ方法論は決して不十分ではないという。

　つまり、CESFは、養成課程の特徴に派生する強みは、クライアントに対する診断能力やニーズ評価であるとし、逆に、関係機関の動態や社会学に関する知識は不十分であると考えていると言えよう。

　職員の指導や管理について、直接関連する講義は養成課程にはないが、CESFは組織する能力、時間管理の能力やグループ指導についての講義を受けているため、指導や管理に必要な基礎的なスキルを得ているとしている。

　CESFは、チームワークによる業務およびコミュニケーションへの配慮において、他職種のソーシャルワーカーよりもできているとしている。ただし、企業や団体組織の会計の知識がないのが弱点であり、これらは家計の知識ではカバーできない領域である。

　全般的に見て、CESFに対するインタビューで、自らの専門性について語る際、特定の専門性を前面に出そうとせずに、むしろ専門性が広範囲にわたることを強調していた。

　CESFの言葉に耳を傾けると、介入領域において困難を来し、「CESFの力量ではなすすべがない」という印象を受け、実際にそう認めるCESFも見られた。

　こうした感想を抱くのは、CESFの任務の多様性を前にした姿勢と適性を物語るものである。熟練したCESFよりも経験の浅いCESFの方が、

効率性と専門性に対する意識を抱く傾向にある。今後、さらなる職業教育および高等教育を継続する CESF の比率を見ていくのは興味深いことだろう。

　しかし、これらの専門性は養成課程のみによって得られたものではない。例えば、BTS の課程で学ぶ物理／化学の教科は、内容が専門的すぎて無益であるとも言われるが、その真偽のほどは明らかではない。

　同様に、裁縫のような家庭科教育は、「社会福祉的に」十分な目的を持っていない、あるいは社会的自立性をもたらすものではないという理由で、その形態が時代遅れであるとみなされる。

　プラグマティズム（実用主義）は、多種多様なクライアントに適応するための十分な幅を持った専門職にとって、重要な原則であるように見える。しかし、だからと言って、CESF が自分たちの養成課程について何の要求も掲げていないわけではない。効率性と実際主義を身に付けた CESF は、自分たちの養成課程についても何かと意見を述べる傾向がある。

CESF 養成校教員の観点

　養成校教員によると、面談技術およびアンケート調査技術に関する授業時間数は多く、2009 年に策定されたカリキュラムではその時間数がさらに増えているという。問題は、授業時間数が足りないのではなく、CESF にとって面談の職業モデルが欠如していることとしている。

　特に、診断のための面談や重大な問題を抱えた家族支援のための面談など、CESF の面談を行う能力が十分ではないとの懸念は、他職種のソーシャルワーカーに対する CESF のコンプレックスから派生しているようである。

　例えば、CESF の実習時間数はアシスタン・ソシアルよりも少なく、CESF は自らの知識が通用するかどうかを試すためにより多くの実習を希望している。福祉機関やその役割などに関して、アシスタン・ソシアルが３年間かけて学ぶ知識を CESF は国家試験を準備する最後の１年

間で習得しなければならない。

　また、教員の中には、面談に関する授業が最初の２年間も含めて段階的に行われずに、最終学年の３年目に集中していることで、CESF が面談技術を身に付けることが困難になっていると疑問を持つ人もいる。

　養成校教員は、CESF の職務には、予防措置的な介入を行うよりも、深刻な財政問題を抱える家庭や複数のハンディを持った家庭に介入することが多く、実際にそのフォローアップの業務がますます難しくなっていることを認めている。このような個別ケースのフォローアップや多くの課題を抱えたケースのフォローアップ業務はここ数年で急増してきている。

　家庭科アドバイザーのレベルにおいてさえ、社会科学や人文科学の教科の比重が強化され、教育課程の中で考慮されているが、心理学的な技能を十分に教えていないことを残念に思う人もいる。

　養成校教員は、学生および新卒の CESF において、介入成果の評価および介入前のニーズ評価などの分野で、能力不足が見受けられるとしている。教員によれば、CESF は目標よりも手段に重きを置く傾向があり、「すぐに実行する」ために、手持ちのあらゆるツールを活用し、急いで行動を起こそうとするあまり、掘り下げたニーズ分析をおろそかにしがちであると見ている。

　つまり、CESF においては、「長所が短所」にもなっていると言える。「自ら行動する」ことを優先するあまり、ものごとの事前の考察や事後の省察に十分な時間を取らないことが多い。同様の傾向は、倫理や職業倫理に関する考察についても見られる。

　伝統的な家庭科教育の系譜では、「知識をすぐに役立つノウハウに置き換える」というモデルを提案するが、上述した CESF の行動様式は、CESF が受けた伝統的な家庭科教育を系譜とする教育に起因しているのではないだろうか。

　しかし、同時に、その教育の内容がこのモデルから遠ざかり、学術的に偏り過ぎている状況を残念に思う教員もいる。

　ここで、集団的介入に必要な専門性について指摘した事項を、もう一度まとめてみたい。

　養成校教員は、CESF 養成期間中にソーシャルワークに関連する組織・機関の戦略と動態の分析について触れる機会が十分にないと考えている。しかし、既に内容が詰め込まれたカリキュラムに新たな科目を追加することは難しい。ソーシャルワークに関連する組織・機関の戦略と動態の分析は養成課程 3 年目のカリキュラムに加えられたが、非常に凝縮されており、実際に現場で活用できるような内容とはなっていない。

　集団的介入に関する業務をうまく取り仕切るには、一定年数の経験を持ち、団体のプロジェクトやボランティア活動を通して個人的に関わった経験のある CESF でなければならないだろう。

　養成校教員によると、資格を得て間もない CESF が求められるすべての専門性を必ずしも身に付けていないことは「もっともなこと」だという。

　また、CESF の新たな養成課程において、管理運営と渉外の業務のための最初のアプローチとなる教科が幾つか含まれている。具体的には、コミュニケーション技術を使うための教育および交渉技術に関する教育である。

　インタビューに答えた養成校教員は、個別面談とフォローアップの能力に関してそれほど憂える必要はないとしているが、これらの専門性が今後ますます必要とされることを認めている。

　しかし、同じ教員は CESF にとって「明確にはなっていない、何かが不足している」と指摘している。これは「雇用主の要請」という専門性の社会的側面であり、養成教育の改善によって正される問題でもあろう。

雇用主の要請

　インタビューでは、CESF の職業の強みや CESF を雇うメリットについて雇用主が正面切って明言することはなかった。どうしても他職種の

ソーシャルワーカーと比較することになってしまうからであろう。

雇用主の中には「職業別に考慮するのではなく、状況に応じてより全体的な評価をすべきである」という意見もあった。

当初は、雇用主にとって採用の可否判断の基準となる要件が存在するだろうと想定していた。しかし、雇用主はこのような問いに対して忌憚のない意見を述べることを避けているようであった。

インタビューで表明された見解はポジティブなものが多く、今後CESF の採用が増えることが予想されるが、それほど周知されていないCESF の初期教育の内容についても、CESF の専門性についても、さらには使命を完遂する能力について、いかなる見解も表明されなかった。

雇用主が CESF の独自性について言及した場合は、CESF という職業のカテゴリーを映し出すものと考えられる。それは CESF という職業が進化せずに、依然として知名度が低いままであるということを意味するわけではない。しかし、CESF が具体的な行動をとる能力とソーシャルワーカーとして従事する能力を身に付けており、方法と倫理において格別に独自性があるとは見られていないのである。

そのため、CESF の長所と短所として真っ先に注意を引いたのは、「CESF のプラグマティズム」が大半の雇用主に対して訴求力を持つ点である。これは、CESF の知的な長所であり、独特の姿勢でもあり、この態度はアシスタン・ソシアルが取る姿勢と対照的であると言われる。

同時に、雇用主へのインタビューの中で、特に県議会においては「CESF とアシスタン・ソシアルの間には相互補完性がある」という意見がしばしば聞かれた。この相互補完性の対象は、クライアント・家族に対する役割が両者の間でシェアされ、時として同一の家族を持ち合うという場合を除くと、明確な定義がなされていない。

家計管理に関する課題があれば、CESF に回される。しかし、時には、家族の経済状況の理由から、家計管理のみを取り扱うのではなく、社会

福祉に関する包括的フォローアップを任される場合もある。その場合には、CESFの介入対象となる家族はより深刻な生活困窮者であり、家計教育の介入が時期尚早とみなされる家族となるリスクがある。

　このような一般的な評価以外に、一定の大きな雇用主では特別な考慮が示される場合がある。家族手当金庫や低家賃住宅公社においてCESFに対する特別な期待が表明された。しかし、市町村および県議会においては、CESFという職業の専門性に関して特殊な位置付けを行っているという意見は聞かれなかった。

　低家賃住宅公社がCESFを採用するにあたり、家計教育活動にCESFを雇う意味を見出だしていたとしても、CESFを他職種のソーシャルワーカーと区別する要素は専門性よりも実践面と倫理面を考慮してのことだろう。

　実際、低家賃住宅公社は「職場での上下関係を受入れない」アシスタン・ソシアルに対してある種の不信感を抱いており、より柔軟な姿勢で対応することが多い他職種のソーシャルワーカーを優先的に採用する傾向が見られる。

　また、社会福祉課においてCESFが多く採用されている事実を考慮すると、「同じ養成課程を受けた同窓生の方が何かと話が通じやすいだろう」という理由から、CESFを採用するという傾向も見られる。

　反対に、低家賃住宅公社に勤務するCESFに対しては「他の福祉課の職域を侵さない」ことが求められる。というのも、中にはこのように他の職域に足を踏み入れるような行動に出るCESFも散見されるからである。つまり、この場合、CESFの何にでも対応できる能力や「とっさに行動に出る」という長所が、短所にもなるということなのである。

　家族手当全国金庫による調査では、CESFは「あらゆるタイプのクライアントや社会福祉関連の課題に適応できるだけのノウハウを適切に備えている」とみなされている。家族手当全国金庫がCESFのノウハウを高く評価する理由は、クライアントの置かれている状況がますます憂

慮するものになっているにも関わらず、家族手当全国金庫自身には、深刻な生活困窮者や社会的排除のケースを担当する適性が備わっていないためでもある。

　また、同調査では、CESF に対して以下のように様々な推奨がなされている。

　「CESF は地方公共団体の機関において、ますます予防的活動に向けた領域に従事すべきであり、特にパートナー間でのプロジェクトなどの福祉事業の発展に寄与すべきであり、地区の設備、近隣のサービスおよび団体のネットワークに深く根を下ろすような活動を行うべきである。」

　「CESF の養成課程で、CESF は定期的に経済状況に関する情報を得て、クライアントのニーズを診断する能力についてさらなる教育を受け、クライアントに対する提案に関するさらなる能力を得て、クライアントの将来計画に『よりグローバルな展望』を与えることができなければならない。」

　「CESF は真の意味での調停者となり、現場に関する知識と公的機関の活用方法に関する知識を持ち、福祉政策の上流部門と下流部門を含めて業務にあたることができなければならない。」

という内容である。

　社会的包摂および伴走を中心に活動する団体については、われわれが面談したサンプルからは一般法則的な結論を導き出すことができない。しかし、CESF に関する評価の程度の別を問わず、以下のような長所が言及された。

　「CESF は、強みとしてクライアントの家庭（住居）に介入し、人との

繋がりを築き、日常生活における伴走を行える能力を身に付けている。」

一方で、以下のような短所にも言及されている。

「組織内のフォローアップを行い、家族との関係をケアして支援方策を探すことにはたけておらず、アシスタン・ソシアルとエデュケーターの方がよりしっかりとした教育を受けている。」

とはいえ、この評価が実践における観察に基づいたものなのか、あるいは団体によるソーシャルワークに関して想像されているイメージなのかはわからない。
　また、CESFの管理能力に関する見解は、以下のように賛否両論があった。

「アイロンの掛け方を知らないなら、アイロンをかけるという行為について管理できない。」

「組織の財政管理や団体の管理運営をCESFに任せるのは困難である。」

ただし、中には「CESFは他の職種のソーシャルワーカーと同じく管理能力があり、実際的なビジョンと知識があり、家庭生活の知識もある」という理由で、管理職としてCESFの採用を勧める意見もある。
　CESFのクライアント・家族への介入についても賛否両論があった。

「CESFが規範ばかりを守りすぎ、学校で習ったことをそのまま家族のケースに当てはめようとする。」

「決まりきったことを押し付ける前に、クライアント・家庭の事情を

先ず踏まえるべきだ。」

その一方で、「対象家庭の実情を踏まえて指導ができる」という評価
もある。

また、「CESF の中には、家計管理に関してさほどの能力のない人も
いる」という指摘もあったが、CESF の採用数が増えており、経験の浅
い人もいることを踏まえれば、それほど懸念することでもないだろう。

雇用主へのインタビューでは、CESF の専門性について好意的な評価
を下しているが、批判的な意見も聞かれた。これらの批判は、CESF 自
身あるいはその教員らがその専門性とその限界について述べている内容
と照合して観るべきである。

また、ソーシャルワークという職業全般に関する批判と、CESF の養
成自体に関する批判は区別されるべきであろう。1 つの職業の専門性は、
単に雇用主の期待に比してのみ評価されてはならず、その職業の本来の
介入領域における「仕事」の成果でもある。

CESF は、CESF のみに期待されたポストではない場所に入り込んで
その有用性を認めさせたことを考えると、ある意味の成功例であると言
えるだろう。

CESF は柔軟性、熱意およびプラグマティズムが高く評価されている
が CESF の専門性は他に取って替えられないものであり、また従来の
業界以外でも管理職のポストに就ける能力があることを今後も証明し、
説得していく努力が必要となるだろう。

CESF 養成課程の改革に対する見方

2009 年に社会・家庭経済の分野の BTS と CESF 国家資格に関して実
施された改革は、CESF やその雇用主によって表明された様々な期待に
応えるものであっただろうか。上述した批判以外にも、CESF の養成課
程については以前から様々な不足点や弱点について批判されてきた。

特に、「日常生活に関する知識と専門性」および「社会的支援介入を

行うための知識と専門性」の間の関連付けが不十分である点が指摘されていた。また、教育内容が総花的であり、多くの教科を学び、知識を得たとしても、実際の介入には役に立つレベルではないとの批判もあった。さらに、倫理的原則および規則やソーシャルワークの歴史や意義をテーマとした授業も不十分である点が指摘されていた。また、公的機関の組織や機能の仕方や公共政策について、それほど重きが置かれていない点についても批判的な見方があった。

　社会的支援介入においては、CESFという職業の特殊性を前面に出して、アイデンティティを主張できるような職業のバックボーンが明確になされていない点も問題視された。新しいカリキュラムはこれらの批判を受け止めたものではあったが、必ずしもそれに対する答を提示するものではなかった。

CESF養成課程の特徴

　まず、BTSとCESF国家資格という2つの免状の二元性が挙げられる。この2つの資格の区別は比較的明確であり、それぞれの関係は厳密に規定され、少なくとも理論上は養成課程における重複が回避されている。

　2年間のBTSの養成課程においては、日常生活の明確に定義された領域に関する専門性と知識を習得するためのものであり、CESF国家資格の受験準備のための第3学年目の教育内容は、社会的支援介入のやり方が中心となっている。

　第3学年目は、専門性の中でも社会福祉面を優先的に扱い、修得すべきとされている特別な専門性として以下の6点が挙げられる。

　①技術、科学、法的な情報に関心を向ける能力
　②決定行為においてその知識を活かす能力
　③情報提供、グループ指導、社会・組織上の交渉および調停能力の開
　　発

④地域での潜在的なパートナーを見つけて協力を得る能力

⑤クライアントの状況に関する診断、支援プランの策定、プランの実行と評価、多種多様な対象者向けのコミュニケーション方法とコミュニケーションツールを使いこなす能力

⑥倫理、職業倫理の原則に基づいてクライアントおよび業務分担者と共同作業に従事する能力

である。

　これらの能力を発揮するためには、社会、公的機関や法律に関する知識が必要となる。職業規範においては、個別介入および集団介入に関する方法論と手続き上の知識が求められる。そのためには、書類作成や渉外の技術を使いこなすことにより、介入の管理運営面についての能力も必要である。

　しかし、このような BTS と CESF の養成課程において区別された2つの性質が依然として維持されていることに関して、数多くの養成校教員は、ソーシャルワーカーとしてのカルチャーやポジションを習得するには不十分であり、さらにはクライアントに関する具体的な知識も十分ではないと批判的な見方をしている。

CESF 養成課程の知識詰込み主義的な性質

　知識詰込み主義的な性質はかなり緩和されているが、それでも BTS の養成課程では多くの専門的知識を習得しなければならない。

　CESF の主な領域である、「消費」、「住居」、「食生活と医療」、「社会・職業的包摂」の4つの分野において、基礎知識は BTS の養成課程で学ぶ。これらは主に理論的な知識であり、「医療－食料－衛生」、「応用物理および応用化学」、「住居」、「経済－消費」、「調査方法論」の5つの領域に関連するものである。

　BTS の養成課程改革では、理論および技術的な側面が強調され、その分、職業に直結するような側面がおろそかにされている。その結果、

「物理／化学」が独立した教科となり、「調理と裁縫」の授業が廃止された。

　また、基礎教科である「生物学」、「物理」、「化学」は内容が軽減されながらも、従来通り維持された。

　BTSの養成課程は、教科時間数が減ったとはいえ、学ぶ内容が非常に多いコースである。2年間の授業は1,610時間で13週間の実習があり、大学の学士課程である約1,450時間よりも時限数が多い。

　たとえば、医療関連分野については、「細胞生物学」、「分子生物学」、「解剖学」、「生理学」、「食物・栄養学」などに関する基礎知識を学ばなければならない。消費関連分野では、「生産と消費」、「貯蓄と収入の分配」、「家計予算に関する主だった仕組み」を学ぶ。住居関連では、「建造物の設備に関する技術知識」、「電気設備」、「メンテナンス」、「エネルギー」、「都市計画」などについて学ぶ。また、「住宅賃貸に関する法的知識」や「住宅市場」の教科もある。

　コーディネート教育関連の教科では、「教育学」、「社会学」、「心理学」、「情報学」などの知識を学ばなくてはならない。各種機関間のパートナーシップ関連の教科では、「行政法」、「政治学」、「社会学」を学ぶ。これらに加え、「労働法」、「人文地理学」、「会計」がある。全体で科学、人文科学、社会科学、言語、コンピュータなど15科目をこなさなくてはならない。

CESFのソーシャルワークへの組込み

　この点について、CESFの養成課程ではソーシャルワーカーとしての側面が強調されている。養成課程では、社会的なつながりに関して「社会的孤立の予防」、「社会的つながりの維持および再構築」に関する専門性と知識に重きが置かれている。また、パートナーシップに基づく論理が展開され、CESFを「個人支援の介入」と「集団的社会的介入」の2つの領域の専門家であると定義している。

　また、養成課程においてどのように教えられているかは判然としない

ながらも、倫理の修得と遵守も強調されている。

　CESF の養成課程改革が目指した点は次の6点である。

①社会環境および制度について知識を深める。
②文化による違いを掘り下げて考慮できるようにする。
③管理者としての専門性を開発する。
④社会的包摂の教育や学校生活の改善に介入できるよう教育方法を開発する。
⑤心理学の知識を開発し、クライアントをケアする能力を高める。
⑥地域の発展、社会・教育・医療および公共政策について知識を得る。

　BTS の養成課程の段階で、授業では、調査、面談および情報処理の方法論とツールについて学べるようになった。これは過去に大きく欠落していた部分が補填された格好である。

　内容を見ると、CESF は「真の」ソーシャルワーカーではないのではないかとの疑惑に終止符を打つものとなるだろう。

　実習研修の企画立案の指標となる推奨の内容も、ソーシャルワーカーとしての実践およびアイデンティティを強化する方向を目指したものであった。しかし、CESF の実習期間はアシスタン・ソシアルの場合と比較するとかなり短い。そのため、養成校教員はアシスタン・ソシアルと同じだけの現場の経験や対象者に関する知識、制度や職場環境などの知識を修得することは難しいだろうと見ている。

CESF 養成課程における特殊性の不在

　社会・家庭経済分野には特殊性が存在する。しかし、CESF の養成課程はゼネラリスト的性質が濃く、特殊性が認知されにくい。そのため、改革によって介入方法と対象の領域や介入のツールに特殊性が見られやすいよう強化された。

　介入方法の特殊性は、BTS の養成課程の最初の2年間で一部が修得

される。この段階では実習があり、専門性の価値付けについて習い、具体的な事柄との関係付けがなされる。

　例えば、「住居」をテーマに介入する場合、具体的には「賃借人、賃貸人および区分所有者の権利と責務」、「エネルギー消費などに関する知識」が必要とされる。これらに加え、「暖房手段」、「家電機器の購入や設置法」などに関する知識も求められる。

　同様に、医療・健康のテーマに関して介入する場合に必要とされる知識は、「生物学」、「栄養学」、「化学」などについての知識にブレークダウンされ、それに加えて「地産地消」、「食品・農作物の価格」、「食品の栄養価」などについても知っておかなければならない。

　BTS の養成課程における実習の場で、社会的支援介入の特殊性が必ずしも求められないとしても、関連する知識を活用し、実践することは可能である。

　しかし同時に、改革によって各職種のソーシャルワーカーの養成課程の区別が希薄化してきていることにも言及しなければならない。

　例えば、BTS の養成課程では裁縫や調理などの実用的な教科が廃止された。しかし、裁縫や調理はクライアントとの関係作りに重要な役割を果たし、また、衛生観念や食事療法に関するアドバイスの糸口にもなってきている。

　こうした意味で、実用的な教科が時代遅れであったとしても、廃止されてしまったことを惜しむ教員は少なくない。

　CESF の介入の領域は、消費や住居関連まで広く拡大されたが、クライアントについては明確な境界線が引かれていることに変わりはない。新たな規範は、養成課程の中核となり、職業の独自性の土台を成すものが何なのかが明示されていない。CESF と協働する人や雇用主が重きを置く、家計教育支援という分野は、養成課程の主軸を成すものではなく、数多くある専門性の１つという位置付けにある。

　また、社会・家庭経済分野を学ぶ学生も、実際に働いている CESF も、介入の視点や強いアイデンティティでもあるこの専門性についてはあえ

て主張しないという現象も見られる。

　また、養成課程の規範を精査すると、教科間のバランスの問題が出てくる。例えば、日常生活の課題の実践的解決を想像した場合、社会科学および人文科学の内容が浅薄すぎないか、化学や物理の内容は必要以上に専門的過ぎるが、物事の機能の原理を理解するには簡便過ぎないかといった疑問が生じる。

　しかし、修得した内容や専門性を超えて、クライアントの近くに身を置きながら関連する公的機関との交渉を行い、プロジェクトの企画、社会的伴走、フォローアップおよびグループ活動などを行う際に役立つものとなっている。

　これほど広範な分野にわたる知識を基に、様々なクライアントに適用するために必要とされる専門性が維持されているということは、社会的介入の第3等級の職業がゼネラリスト的性質を有していることを示すものである。

　このような広い範囲にわたる教育は、まず、CESF が「自らが実際にやってみせる」というよりは、「他人に指示を出してやらせる」ことを想定していると考えることもできる。その内容は、「クライアントが具体的な行動を取れるようにする」というよりも、サービス内容の発案や企画、指揮の仕方を教えるものとなっている。この場合、それぞれの領域での専門性が中程度の要求レベルに留まるということも頷けよう。

　この教育内容はゼネラリストの性質にかなったものであるが、同時にクライアントとの対面による直接的な接触はなくなる。クライアントに対して直接的な社会的支援介入を行わない専門家や企画する側としてのポジションは、仕事の仕分けが進む中で現れてきた動きであると言えよう。

　2000 年以降、社会的支援介入の職業が様々な形で出現してきた。2009 年の改革は、CESF などの第3等級[注1]のソーシャルワーカーに関する大きな動向を受けたものになっている。

〔注1〕　CESF は、現在、第2等級のソーシャルワーカーに格上げされている。

結　論

　ソーシャルワーク論争のさなかにあった1970年代半ばに国家資格を取得したCESFと、2010年以降に資格を取得したCESFの間には大きな隔たりが見られる。同様に、本書の初版の内容、そして初版（1999年）の執筆にあたって依拠したアンケート調査の結果と、新版の内容およびアンケート調査の結果のそれぞれの間にも格段の落差が見られる。

　これを見ても、福祉事業の領域における職業専門性が、過去20年間に大きく変容したことは議論の余地がないだろう。

　こうした変化は、困窮生活や不安定な生活から派生する問題の拡大、「標準的家庭像」の崩壊、高齢者や要介護者に対する介入の増大、消費者ローン問題、住宅取得、インターネットの普及、電子商取引などの、現代社会を反映する新しい現象に起因した生活様式の変化などがその理由となっている。

　また、地方分権化法の施行や公共政策の包括的な見直しに伴い、社会福祉制度全般が変容し、CESFによる介入状況にも大きな影響が及んでいる。

　このような大きな変化は、制度や価値観の進化、採用方法における変化や管理職の若年化など、職業自体にも大きな影響を及ぼした。状況が大きく様変わりする中でのCESFの適応状況は以下の3点によって特徴付けられる。

①CESF が社会福祉領域において、状況に順応しながら生き残る能力がある職業であり、ソーシャルワークという職業につきまとうイメージを払拭しているということ

②広範多岐にわたる状況に対処するために幅広い専門性を提供し、特殊なアイデンティティを打ち出せるだけの技能と精密な専門性を持っているということ

③クライアントとの個人的支援関係に留まらず、職業規範を普及させる専門性を身につけているということ

である。

　とはいえ、CESF という職業および CESF の職業集団の将来が必ずしも安泰であるとは言い切れない。CESF の職業が将来も安泰であるためには、職業の進化に関する大きな動向を把握し理解する能力が必要とされるだろう。

1．本書における確認事項

　最後に、本書において確認されたことについて述べる。それは、第一に、CESF の雇用者数はソーシャルワーク部門において多くなってきていることであり、第二に、CESF の就職においては矛盾した傾向が見られること、第三に、社会的支援介入を行う職業の進化に CESF が追随することができるということである。

ソーシャルワークにおける CESF の位置付け
　CESF 国家資格に与えられた方向性と職業の戦略および労働市場の変化は、全て同じ1つの方向に収斂している。より正確に言えば、CESFが問題を抱えたクライアント・家族の家計や生活の中で生じている課題

に対して行う介入がますます増えている。

　こうした現状に照らし合わせると、社会福祉の分野以外での CESF の雇用主数は今後、減少していくことが予想される。

　CESF はこれまでソーシャルワーカーとしての社会的認知が必ずしも十全に得られてこなかった。それにもかかわらず、CESF は時代遅れの感のある 1960 年代から 1970 年代にかけて見られたソーシャルワークの規範を今も自らの規範や理念としているように見受けられる。

　アンケート結果によると、このような職業規範をモデルとして掲げている一方で、現場において、状況に応じて柔軟に対応するという傾向がある。その両者の間には大きな落差が見られる。

　とはいえ、CESF という職業のアイデンティティや実践的活動という特殊性は、それほど強く主張されているようには思われない。それは、雇用主が CESF の特殊性を必ずしも認知していないことの表われと言えるのかも知れない。

CESF に対する見方の変化

　CESF に対する社会的認知の変遷については相反する 2 つの見方がある。第一は、CESF には、「選択的な採用」、「特殊な使命」、「特徴的な問題を抱えたクライアントへの対応」など、アイデンティティと特殊性が明確に認知されているという見方である。

　CESF という職業は、雇用者のみならず他職種のソーシャルワーカーからも「伸びしろが大きく、将来性が高い」職業と認識されており、他職種のソーシャルワーカーにとって、彼らの職種を脅かす競合相手と目される場合もあり得るだろう。

　この観点からは、CESF の社会的認知度が高まり、ソーシャルワーカーとしての正当性が認められるプロセスが大きく進展したと評価することができる。

　第二は、CESF という職業の特殊性がそれほど重要視されていないという見方である。雇用主の中には、各職種のソーシャルワーカーによる

相互補完性を考慮に入れるというよりも、バランス上の「数合わせ」のために CESF を採用する傾向も見られる。

CESF の職位は「地方公務員」的な性質を帯びるようになったが、その変化と並行して、特殊性を持たない「ソーシャルワーカー」の求人数が増えてきている。

このような傾向は、各職種のソーシャルワーカー間の垣根が取り払われると同時に、各職種のソーシャルワーカーの間の違いが明確にされず、特殊性が認知されなくなってきたことの証とも言えるだろう。

将来、これらの2つの見方のどちらが優勢になるのかを見通すことは容易ではない。つまり、最初の段階では社会・家庭経済分野の専門性や価値体系の特殊性が認知されないまま、社会・家庭経済分野がソーシャルワークに帰属することが認知された。そして、次の段階において、「クライアントに近い位置にいる」という理由などから、CESF の職務の特殊性が認知されるという順序をたどるのかも知れない。

この2つ目のステップは未完結である。あるいは、職種の異なるソーシャルワーカーの間の専門性を区別せずに同質で同列のものとして扱うという傾向は、「専門職の間の垣根が取り払われつつある」業界において、全般的に見られる動向を象徴し、反映しているものかも知れない。

こうした非職業化（非専門職化）の傾向は、諸刃の剣と言える。つまり、CESF の採用や増員という観点からは切り札ともなり得るだろうが、同時に、アイデンティティと独自性をいずれ喪失しかねないというリスクも伴うのである。こうした傾向が今後も続くかどうか、断定はできない。

養成校の教員も、職業団体全体でも、CESF の特殊性、独自性の維持存続を支持する考え方と各職種のソーシャルワーカーの間での共通項の根幹を太くするという考え方との間で、議論の決着がついていない。すなわち、現状では数多くの問いかけが提示されるのである。

2000 年から 10 年間の間に各種のソーシャルワーカーの資格について実施された改革では、各資格の共通部分が強化され、「家庭」への介入

者（CESF およびアシスタン・ソシアル）と「教育」における介入者（エデュケーター）などのプロフィールが同質化される方向に向かっている。

ソーシャルワークの再編における社会・家庭経済の行方

典型的なソーシャルワークの中核をなす職業は今日、新たに出現した社会的支援介入の職業によって、その職域を脅かされている。

新規の介入職はその定義が曖昧であるために広範にわたり、高校卒業資格取得後の 4 年間または 5 年間の大学教育を要件とする職業もあるが、資格を要さず、都市郊外や近隣におけるサービスで増え続けている職業も含まれる。

これらの異なる職業は、互いに相違点が多いが、共通する特徴も持つ。それは、様々な社会的環境に身を置いて「他者を理解する能力」と「常識と直感的に物事を把握する能力に基づいた交渉・調停を行うセンス」、「具体的な物事や現実を見すえるセンス」などが求められることである。

その一方で、期間限定契約や臨時雇いの身分であっても、自らが属する機関の方針や目標に沿って職務を履行しなければならないことも共通している。

ところが、上述した専門性や職務態度など、新たに出現してきた「プロフェッショナル」に求められる資質は、CESF が雇用主によって認知されているものでもある。

つまり、CESF は社会的に認知された資格や職業倫理を持つという保証付きのソーシャルワーカーの身分と、現実主義、柔軟性、交渉、妥協のセンスなどの社会的支援介入の職業に求められる資質を併せ持っているのである。

CESF の採用数が最も多い県議会などの地方公共団体を始めとする数多くの雇用主は、ソーシャルワークの「プロフェッショナル」が伝統的に守ってきた価値とは少し乖離した視点に立っている。

この観点から、CESF がソーシャルワーカーとして保証された身分と柔軟性という 2 つの利点をあわせ持っていることは、評価されやすいと

も言える。大半の場合に、「組織の方針や原則」が「職業の論理」をしのぐ傾向が見られるからである。

　このような状況において、ソーシャルワークという職域を社会に認めさせるための闘いに参加することのなかった若い世代の CESF は、状況への順応力が他職種のソーシャルワーカーよりも高いことが推測される。

　換言すれば、CESF は「社会的認知」や「職位の安定性」を希求する新しい職業の手本となることも想像できる。同時に、プロフェッショナリティの根本的特徴を尊重しながらも、新たな位置付けと新しい形の就職先を求める伝統的な職業にとって、1つの参考例となるだろう。

2．CESF という職業の今後

　現実には、CESF という職業の将来は、他の社会的支援介入職の将来と密接に関連し、留まるところを知らない動向と目まぐるしい変化の波の中に身を置いた格好である。今後も、独自の自律性やアイデンティティを発展させていくことが可能なのだろうか。

　社会的支援介入の職業の非職業化（非専門職化）は、以下の6つの傾向に行き着き、それらは最終的に1つの原則に収斂していくと考えられる。

　①CESF の職業団体の論理よりも、CESF が勤務する施設・機関の論理が上に立つという傾向
　②専門性のみに焦点が当てられ、従来から存在する職業規範や倫理の主張が軽視される傾向
　③クライアントへの介入に際しての単一のやり方が疑問視され、役割および作業においてセグメント化が進展する傾向
　④介入においてクライアントの心理面のみが重要視され、社会的関係

　が軽視される傾向

⑤労働市場がますます開放され、これまで閉鎖的で保護されてきた市
　場が縮小化する傾向

⑥資格の論理よりも専門性の論理の方が重視される傾向

である。

　これらの6つの傾向が意味するものは、「何を」「どのように」「なぜ」「誰と」・介入を行うのか、について決定する主体は、もはや職業集団ではなく、雇用機関であるということである。

　職業集団に属するメンバーが職務、活動、規範、価値などを定義する場合、職業集団に依拠するよりも、逆に自らが所属する組織や機関の方針原則に合わせることが多くなっている。

　そして、規制や共通ルールの作成などは、職業集団ではなく、組織を経営する雇用主側が行うようになっている。

　それぞれの組織は独自の目標を定めており、また、アイデンティティや組織固有の文化を育み、公共サービスの領域においても自らの差別化を図り、組織独自の論理に基づいた特定のクライアントを優先的に受け入れるようになってきている。

　職員に対しては、プロジェクトにおける目標達成に主眼を置かせる。そのためにソーシャルワーカーの自律性を犠牲にしても、職位序列を定義した中で彼ら／彼女らを管理する。

　ソーシャルワーカーに対しては、「職場との個人的な関わり合い」、「忠誠心」、「愛社精神」が求められ、ソーシャルワーカー独自の職業倫理の認知を主張することは、職場において退けられるような状況が生じている。

　組織は、その地区・地域の状況、特に予算上の制約などの固有の状況をにらみ、組織の業務の合理化を目指し、法的な論理は無視されることになる。

　このような雇用側の論理が優先される傾向は、ソーシャルワークの分

野に限ったことではなく、数多くの企業や公的機関のマネージメントにおいても同様の傾向が見られる。ただ、ソーシャルワークの分野では、これまでの伝統ゆえに、その傾向がより顕著となっているに過ぎない。

　さらに地方分権化がこの傾向に拍車をかけていることも否めない。われわれは、社会・家庭経済の分野は特にこうした傾向の影響を受けやすいと分析している。例えば、アシスタン・ソシアルの場合と比べると、CESF は「職業」としての年月が浅いため、まだ足場が固まりきっておらず、自らの自律性を主張することも少ない。

　しかし、より確固たる地位を築き上げているアシスタン・ソシアルにとっても、こうした傾向の波を逃れることはできない。また、CESFのソーシャルワーカーへの帰属が主張されたとしても、他のソーシャルワーカーに比べて、CESF は妥協や交渉に流されやすい点も見逃せない。多くの CESF が、自らのアイデンティティや職位を主張する際に、CESF という肩書を使わずに、所属先の組織や機関における役職名を用いて自らを定義し、雇用主も CESF を職場の役職名で呼ぶことが多い。

　そのため、CESF に関する調査の結果を参照する場合は、調査データ中で CESF として数に反映されない場合があるということも考え含めた慎重さが求められる。

職業倫理と雇用主の論理

　組織に雇われた職員に期待されるのは、組織が掲げる目標を達成するためにその専門性を業務に適用することであり、目標を策定する権限は、組織側の手中にのみある。つまり、このような状況においては、いかなる職業規範の主張も受け入れられないのである。

　主張される規範には、「職業倫理」と「一般的な倫理」の２つの側面が含まれる。「職業倫理」とは、職業に従事する際の規範、価値観、規則などの定義を意味する。同時に、職業団体が自らの倫理の定義付けを行えることはその特権であり、その職業の特徴とも言える。

　倫理規則を策定するのは、職業団体の重要な役割である。アシスタ

ン・ソシアルの職業団体は、1945年にアシスタン・ソシアルが参照すべき職業規範を策定しているが、メンバーに対しその遵守を義務付けるものとはなっていない。

　CESFは規範の原則を参照しながら仕事を行っている。「職業倫理」は、経験と専門性をベースに、「社会における善行と有益性」の定義の正当性を与えるものである。

　しかし、今日、ソーシャルワークの数多くの分野において、倫理や職業倫理を主張することの正当性は認められなくなっており、仕事の効率に差し障るという理由で斥けられてしまうようになっている。

　例えば、職務上の守秘義務については、共有する機密事項として見直そうとする動きが見られ、通報義務についても見直されつつある。さらに、「社会における善行と有益性」を定義する権限を持つのは「政治」であり、職業団体にはそれを定義する正当性がない。

　こうした理由から、公的当局レベルまたは県議会レベルでは数々の倫理委員会が設置され、そこで「倫理規範」が策定されるようになった。人権に関わる広範な規範を除けば、絶対的な規範というものは存在しないのかも知れない。「公益」も、地区・地域やその場の状況に応じた形でしか存在しないものなのかも知れない。

　ソーシャルワーカーは、このように避けて通れない動向に直面している。ソーシャルワーカーについては法律で守秘権利が規定されているが、世の中の悲惨な出来事や不幸を目の当たりにする機会の多いソーシャルワーカーは、その状況を通報し助言する権利を主張する。「声なき人々」と接する機会の多いソーシャルワーカーは、その代弁者である。

　しかし、県議会や市町村の管轄範囲が広がるにつれ、公的機関で働くソーシャルワーカーが議論に参加し、発言する正当性が認められなくなっている。このレベルにおいて、CESFは他職種のソーシャルワーカーと区別されることはない。

　守秘義務に関しても、CESFとアシスタン・ソシアルの間に違いがあるとすれば、次の2点が挙げられる。

1点目は、アシスタン・ソシアルに対して法律上認められているような守秘の権利がCESFに対しては認められていない点であり、2点目は、CESFの職業団体が全てのCESF間で共有されるような職業規範をこれまでに策定してこなかったという点である。

　これらの観点からも、CESFのポジションは確固たる基盤に立ったものではないという印象を受ける。

包括的かつ個人的なアプローチに対する疑問

　ソーシャルワークの伝統的イメージに沿った介入は、ひとりひとり異なるクライアントに対して受け入れ、診断、アドバイス、解決、伴走、フォローアップ、評価などの一連の業務を、個別・包括的かつ継続的に行うという完結性を持つ特徴がある。一人のソーシャルワーカーが最初から最後まで一人のクライアントを見るという「手工業的」なやり方の論理においては、担当ソーシャルワーカーとクライアントとの間に信頼関係が築かれて初めて、介入が機能する。

　しかし、こうした論理が、業務の細分化や介入のセグメント化の論理に取って代わられつつある。第2章で述べたように、個々の業務が自律性を持ち始め、それぞれが1つの介入の単位を構成するようになっているのである。

　このような業務の再編につれ、アシスタン・ソシアル、エデュケーター、CESFなどのソーシャルワーカーは、現場でのユーザーと接点を持たない専門家のポジションに置かれたり、コーディネート、プロジェクトの立案企画などに専念したりするようになってきた。

　実際の現場でクライアントと対面で業務を行うのは、教育程度がより浅い介入者または心理学専門家である。課題の解決などの介入そのものは、新たに出現した社会的支援の介入者などに任されるようになった。

　アシスタン・ソシアルやCESFなどの資格の改革において、職種の専門性が維持されたということは、改革が専門性を認知しようとしていることを意味するのだろうか。しかし、実際にはソーシャルワーカーの

採用に際し、それぞれのアイデンティティが軽視され、ソーシャルワーカーという一般名称の下に各職種の区別なく扱われる傾向が強まっている。

　このように、採用に際して、各職種のソーシャルワーカーが同列扱いされる傾向と職種の専門性が認知されることの間には、ある種の緊張関係が生じるが、その中で CESF の立ち位置はいささか特殊である。

　というのも、CESF はとりわけ家計教育活動を象徴とする特殊な専門性を持つとみなされてきたからである。CESF の仕事のアプローチは、アシスタン・ソシアルに比べて多能的でも包括的でもないと見られる可能性もある。例えばソーシャルワーカーや在宅サービスの管理者などの採用の特殊性もこれによって説明がつく。

　とはいえ、社会福祉課および地方公共団体における職員数の不足などにより、CESF がバックオフィスやプロジェクトの立案企画などに従事する傾向も生じている。しかし、CESF 自身が、自らの技術的な特殊性はクライアントのニーズに応えるものであり、その社会的ニーズが現実に存在する、とみなしている状況がある。

　このような状況下で、CESF の「専門性」と「アイデンティティ」を特殊な能力として取り扱わないことは、CESF の利益を損なうものであり、とりわけクライアントにデメリットを及ぼすだろう。

社会的支援介入における心理的支援の強化

　ソーシャルワークの歴史においては、その職業と介入の様々なアプローチに基づく各種の規範モデルが次から次へと生まれては消えるという現象が繰り返されてきた。こうして「純粋な社会福祉」から始まり、「医療福祉」、「社会文化」、「社会経済」というモデルが入れ代わり立ち代わり現れた。

　これらのモデルは、社会学、医学、人類学、経済学、人文学、とりわけ心理学、精神分析学などの各種学問の領域を足掛かりとしながら、学問折衷主義に拠ってきた。

しかし、社会福祉的家庭支援の領域においては、クライアントへの介入において社会的関係を考慮することが、「文化の欠如」や「社会的ハンディ」を補って、社会的統合を果たすための原則とされてきた。

　これまで分析してきたように、経済・社会的危機の深化に伴い、社会的排除のプロセスが進展し、経済的排除や社会認知上の排除を受けている人が、ソーシャルワークにおける新しいタイプのクライアントとして現れた。また、クライアントの「自律性」、「自己責任」、「自己実現」に重きを置くイデオロギーが重視され、ここ数年来はクライアントへの心理的支援が重視されるようになった。

　このような傾向は、CESF の持つ世界観とはかけ離れたものである。これらの分野について基礎知識が足りないことをこぼす CESF は多い。また、最新の養成課程もこの欠陥を補う内容とはなっていないため、将来的に CESF の立場が若干危うくなることも予想される。

　また、介入においてより内面的、心理的側面が重視される傾向により、元々 CESF の介入のアプローチと教育活動の特徴の1つであった、グループワーク全体の価値が減少することになる。

　CESF の活動内容を家計教育支援などの領域に軌道修正することは、CESF という職業の基幹と個人的介入を両立させ、労働市場における CESF のポジションを維持確保するための試みと言うことはできないだろうか。

ソーシャルワーク労働市場の開放

　ある職業と、その職業が社会において獲得する独占的地位は、養成課程、資格取得、同業者の合意、当局の認可、権能などの労働市場への参入権獲得に関する難易度と密接なつながりを持つ。

　就職においても、認知された教育、認可された免状、保護された肩書、地位、要件を備えた人に限定された就職先などが典型的な形を呈している。

　ソーシャルワークの労働市場は、それ自体が均質的であったことはか

つてなく、市場の開放あるいは閉鎖の程度は、過去も現在も職種によっ
て異なり、その職種の資格や学歴の要否によっても異なってくる。例え
ば、専門職養成教育はアシスタン・ソシアルに限定された閉鎖的な市場
ではなかった。

　もし、市場が閉鎖されたものであったとしても、有資格者の不足によ
り、その採用条件が緩和され、同様の職種の人で「その役割を担う」こ
とが可能な人が選ばれたであろう。

　とはいえ、アシスタン・ソシアルは一定の任務や職務を果たすために
保護された肩書が必要とされる典型的なモデルに近いものでもあった。
この事実により、アシスタン・ソシアルは、しばしば、職位や象徴的な
認知を獲得しようと模索する他の社会的介入の職業にとって見本とみな
された。

　こうした雇用の安定性は、今日どのようになっているのだろうか。ア
シスタン・ソシアルは、未だに70％以上が公務員、特に地方公務員で
あり、雇用の安定性が確保されていると言えるだろう。さらに求人数に
対する求職者数が少ないことも、求職者にとって有利に働いている。そ
れに対して CESF の肩書はアシスタン・ソシアルのように保護されて
おらず、特定の任務を担当する際の法的必須条件ともならない。

　第3章で述べた通り、CESF の採用には均質性がみられず、雇用主も
多種多様である。安定雇用が保証される公務員になる CESF の数は依
然多いが、家族手当金庫や農業共済組合による採用者数は減少の一途を
たどっている。今や、CESF の就職先としては民間団体部門がメジャー
であるが、採用方法、財政や資金源に関しても様々である。

　このように民間団体部門は不安定な性質を有するが故に、そこに勤務
する人の雇用の安定も得られにくい。こうした点は CESF のキャリア
全般にも反映されており、アシスタン・ソシアルに比べると、CESF の
キャリアは非直線的なものとなっている。

　CESF はアシスタン・ソシアルと違って、期間限定雇用契約などの雇
用の安定性が低い場合が多く、転職率も高い。今のところ、家庭への介

入において CESF の競合となりそうなソーシャルワーク職は出現して
きていないが、特に社会的支援介入と管理を行う役職については、大学
新卒者と競合関係になる場合もある。

　しかし、CESF は今のところソーシャルワーカーという職位によって
守られてはいるため、雇用状況も比較的早期に安定する場合が多い。そ
の意味では、ソーシャルワーク以外の職業との競合よりは、ソーシャル
ワークの各職種間でポストを奪い合う競争が激化することが想定される。

専門性と資格

　CESF は資格と専門性によっても守られているのだろうか。業務と社
会的介入の管理運営においては、資格よりも専門性が重視されるという
ことがしばしば言われるようになった。この場合、資格というのは、養
成課程において獲得され、現場で使われる理論や手続きに関する知識を
指す。

　これに対して専門性は、経験によって得られる個人の属性や特性であ
り、特定の状況においてそれらが結集、活用されるものと定義される。

　この角度から見た場合、CESF は特に不利な立場にあるようには見え
ない。2009 年の養成課程の改革で大きく変更されたが、いまだに養成
課程で教える知識は総花的で、教え方は極めて総括的である。このよう
な養成課程では、理論的な知識を掘り下げて教えることができない。

　しかし、物事を分析する力や、問題や状況を把握し、経済・社会、物
質面など様々な側面の関連付けを行うのに必要な力が CESF にはある。
そして、クライアントのニーズ診断においても介入においても、有用性
が認められる専門性を伸ばすことは可能であろう。

　課題解決を目的とする養成課程は、現実主義に徹したイニシアティブ
を取るという能力の開発を目指したものである。また、この多面性を考
慮して選択や裁定を行い、物事や人々、さらに自らが勤務する組織とク
ライアントとの交渉方法を学ばせる。

　この養成課程は、単なる環境への配慮に留まらず、効率的に社会的介

入を行うことを保障し、グローバルで持続可能な開発の論理において、CESFと社会との関係付けのセンスを修得させる内容となっている。

CESFの非職業化（非専門職化）に向かっていくのか

　CESFは社会学の伝統において言われる職業というスタンダードに対応した試しがない。例えば、CESFに対し養成や倫理の自律性が認められたことはなかった。しかし、他職種のソーシャルワーカーと同様に、現在では、CESFについても確立された職業集団の持つ属性が認知されるに至っている。

　しかし、この認知については問い直される方向に向かっている。このような見直しは、より信望が厚く、社会的に認知されてきたあらゆる職業を脅かすことになるが、それが及ぼす影響については、正確に評価されてはいない。

　こうした動きは、見る人によっては、「資格の無効化」、「アイデンティティの喪失」などにつながると解釈される。さらに、「政治への服従」であり、「ネオリベラリズムの成果物」であり、世界やEU圏内で起こっている「福祉の最小限化」の論理に倣ったものであるとの見解もある。いずれにせよ、確かに言えることは、ある1つのソーシャルワークのモデルが終焉したということである。地方分権化によって、福祉事業および社会的支援介入の責任者として県議会の優位性が増し、養成課程の立案、実施に関する責任を県議会が負うような、新たな時代の幕が開けたのである。

　同時に、特にCESFの養成課程においてはまだ多くの課題が残る。CESFの対象の特殊性、そのアプローチの特異性、すなわち、CESFのアイデンティティを尊重した上でクライアントへの介入を行うことの正当性を認めさせることができるのは、ほかでもないCESF自身であり、また養成校なのである。

世代間で異なる CESF の職業に対する認識を超えて

　前述したように、1970 年代の CESF と 2010 年代の CESF との間には隔世の感がある。その理由として、自らの職業の認知に尽力し、より広く言えばソーシャルワーカーとしての社会的認知を勝ち取るために闘った過去の CESF とは違い、現代の CESF はその闘いに関与していないことが挙げられる。

　また、若い CESF が多能性を軸として行われてきた業務の方法を知らないだけではなく、CESF 養成に携わる教員においても、そのことを知っている者の数が年々減ってきている。このように過去の記憶が忘れ去られていけば、職業の位置付けとアイデンティティに変化を来すのは不可避である。

　例えば、今日、ソーシャルワーカーや CESF の多くは、組織・機関の職員や公務員になった時点で、「上司（権威者）に仕えるのが当然」との感覚を常識的に身に付けている。また、職場の上司（権威者）が職務上の指令を発し、さらに規範の方向付けを行うことも当然と考えている。

　資金を提供する組織が支援金の使途を管理し、その評価および管理手続きを行うことが理にかなっていると考える傾向もある。つまり、雇用主としての組織や企業側の論理が優先され、職業の自律性やその正当性の認知がなおざりにされてしまっている。

　クライアントとソーシャルワーカー、またはクライアントと機関をつなぐ契約の 1 つの条件として、「（定型的な）質問に対するクライアントの回答」に基づいて、ソーシャルワーカーが介入を行うことが定められている。しかし、伴走、フォローアップ、評価などはこのような質問なしでも行うことのできる社会的介入であるように思われる。

　クライアントに認められた権利を擁護し、向上させ、クライアントを「社会における機能不全の被害者とみなして擁護する」という従来の論理から距離を置いて、権利と表裏をなす「義務」、「責任」、「契約」、「ギブアンドテイク」という考え方を前面に出すことは、むしろクライアン

トの権利を強化するものと考えることもできるだろう。

　公的機関が管理的側面をますます優先するようになっている中で、このような傾向がより激化することもあるだろう。公的サービスの近代化や新しいマネージメントなどを口実に、企業統治の原則がソーシャルワーク部門にも導入され、組織によるメンバーの管理や出資者による出資先のパートナー団体の管理が強化されるようになっているのである。

　CESF に関して言えば、職業の成り立ちの経緯やクライアントに介入する方法に起因して、他職種のソーシャルワーカーよりもさらに緊張関係にさらされている。

　しかし、CESF が認知された職業集団として将来的に生き延びられるかどうかは、これらの問題に対処し、乗り越えていく彼女らの能力にかかっているだろう。そして CESF にそのような能力があろうことは、本書において既に示した通りである。

補　論

IRTS[*]教育主任　アニエス・フォステル氏への
インタビュー

＊ Institut Régional du Travail Social Franche-Comté

（2022 年 2 月 20 日、同 28 日に Zoom で実施。通訳、小野あけみ）

　アニエス・フォステル氏（Mme. Agnès Fostel）は 1984 年に CESF の国家資格を、その後、2014 年にはアシスタン・ソシアルの国家資格を取得している。

　国家資格取得後、まず、中学校および高校で教鞭をとり、次いで CESF として市の福祉センターに勤務した。その後、年金金庫において企業専属のソーシャルワーカーとして働き、民間企業の研修担当者などを歴任し、その後、家計教育の伴走を行う団体で CESF として採用された。

　現在は、フランシュ - コンテ地域圏のソーシャルワーカー養成学校で TISF（Technicien de l'intervention sociale et familiale〔社会・家庭介入技能者〕）および CESF の養成教育主任の職にあり、社会・家庭経済分野のフランシュ - コンテ地域圏協会会長を務める。

2011 年以降の養成課程の改革

社会・家庭経済の BTS 免状に関しては 1988 年、2000 年、2009 年に、CESF 国家資格については 2009 年と 2018 年に改革が行われた。これらの改革は、CESF およびソーシャルワークという職業の進化を考慮したものである。

ソーシャルワーカー養成課程の過去 10 年間の変化については、次のとおりである。

まず、法規面では、2011 年に通達^[注1] が出されて以降、フランス国内のソーシャルワークの教育内容における整合性を保証し、外から見てもわかりやすくするために福祉教育に関する国家レベルの方向性が示された。

同通達の発出により、高校卒業後の高等教育に関してソーシャルワーカーの国家資格（アシスタン・ソシアル、エデュケーター、CESF など）について、EU 域内の高等教育レベルでの単位互換制度において、180 単位までがその対象として認められるようになった。

教育課程は半年単位で組み立てられ、取得単位の互換が可能となった。また、留学、学士や修士の取得まで学業を継続できる仕組みがこれらの免状に組み込まれるようになった。その後、2015 年 1 月、ソーシャルワークと福祉の促進をねらいとした政府行動プランが提出され、ソーシャルワーカーの養成課程が大学教育課程の学位に繋がるものとして認められた。

さらに、2017 年 5 月の省庁間指令^[注2] においてソーシャルワーカー国家資格の見直し計画が発表された。同通達は福祉・保健問題担当省と高等教育省の間の協議を経て、策定されたものである。

2018 年の新学年度からは、アシスタン・ソシアル、CESF、エデュケーターなどのソーシャルワーカーの国家資格に対して学位が交付されるようになった。ソーシャルワーカー養成校は、現在、大学に対して認証手続きの書類を作成・提出しているところである。

変容する社会の要請に対してソーシャルワーカー養成課程が適応でき

るように見直しが必要となり、国家資格の「専門性を必要とする領域に関する活動」、「専門性」、「養成課程」、「認証の基準」が策定された。

　2018 年 8 月の改革[注3] では、ソーシャルワークの国家資格の間での共通項となる専門性や知識に重きが置かれ、その分、それぞれの国家資格に独自の専門性に関する科目が削減または軽減された。同時に、ソーシャルワークの養成課程における専門性および知識として国家資格に共通する基盤を以下のように定めている。

　　「ソーシャルワーカー養成課程における専門性および国家資格に共通する基盤は、（中略）『共通の専門性』から構成される。『共通の専門性』は、国家資格において同一のものであり、『共有すべき専門性』を習得するために必要となる。」

　なお、「共有すべき専門性」とは以下の通りである。

・クライアントの受け入れ、クライアントの意思表明および自律性の重視、クライアントの要請およびニーズの分析
・状況評価
・プロジェクトの立案
・介入の立案
・ソーシャルワーカー自らの行動の評価と調整
・クライアントの潜在力の引き出しとクライアントの自主性の促進
・クライアントの権利へのアクセス支援

　同省令が対象とするソーシャルワーカーの国家資格に共通する知識は、「共有すべき専門性」を修得するために必要となるものである。これらの共通基盤となる知識は、養成課程項目において以下の教育テーマに組み込まれる。

・ソーシャルワークとその職業の歴史

・ソーシャルワークにおける倫理観と価値観

・クライアントに関する知識

・研究入門

・権利へのアクセス

・伴走におけるクライアントの自主性と市民権

このように、共通する知識教育が盛り込まれた分、それぞれの資格に特有の履修科目が軽減された。

CESF とアシスタン・ソシアルとの相互補完性

例えば、2007年3月5日法に依拠した「児童保護の領域における社会・家庭経済伴走措置」を例にとると、CESF は独自の専門性である家計の教育的伴走を支援策として活用する。また、CESF は日常生活に関する専門性を支点として包括的かつ実際的な福祉のアプローチを用いて、家族への伴走支援を行っている。

CESF はクライアントのために、また、クライアントと共に、指導や教育を目的とした集団的介入を立案・実施したり、個別あるいは集団的な社会的支援介入を行ったりしている。この場合、CESF は修得した知識とクライアントが置かれた環境でのクライアントの可能性に基づき、日常生活の中でそれらの価値付けを行う。

このような CESF の特殊性は、とりわけ「経済」、「社会」、「環境」の3つの領域において持続可能な発展に対する意識が高まる中、ますます認知度が高まっている。

さらに、2018年の CESF 国家資格の改革において CESF が従事する職務が再確認された。それらの職務とは、「生活の領域におけるアドバイスと診断」、「社会・経済関連の個別および集団的な伴走」、「生活における教育的支援」、「地域の福祉開発促進プロジェクトの推進」などである。

　CESF はアシスタン・ソシアルをはじめ、各職種のソーシャルワーカーからなるチームにおいて、例えば、地域レベルでの診断、プロジェクトの立案、実施、包括的な社会的伴走を補完する行為のための活動指導などを行っている。

CESF と BTS の国家試験

　BTS の養成課程の 2 年間においては、日常生活の様々な領域に関わる科学的な専門知識、技術および実際のやり方などを履修する。

　なお、BTS の国家試験の合格率は約 80％で、その後、CESF 養成校に進む人は約 3 分の 2 で、残りの約 3 分の 1 が福祉関連の仕事に就く。

　また、CESF の国家資格の受験準備期間となる第 3 学年目では、福祉に関する専門知識を修得する。このような養成課程を履修した CESF は国家試験を受験し、福祉、教育、指導関連の職務に就いていく。なお、CESF の国家試験合格率は 75％程度である。

CESF が就いているポストの例

　フランス社会・家庭経済協会が 2020 年初頭に、CESF とその雇用主などに対してアンケート調査を行ったところ、2,700 人の CESF から回答が寄せられ、その分析を行った。

　男女比でみると、CESF の 95％以上が女性で、回答者の 4 分の 1 は県議会や市町村福祉事業センター、公団住宅公社、公立医療機関などの地方公共団体関連機関に勤めていた。というのも、CESF は 1992 年以来、「福祉・教育アシスタント」のポストに就くことができるようになり、現在では上級管理職のポストにも就けるようになっている。

　これらの CESF の大半は、CESF 独自の専門性を活かして個別の社会的支援伴走、住宅支援伴走や教育的家計管理の伴走などの社会的支援伴走措置の実施に従事している。

　また、県議会が管理運営する機関や児童福祉保護ホームや孤立した未成年者保護センターなどに勤務する CESF もいる。企業の現役社員お

およびOBに対する伴走を目的として、CESFをソーシャルワーカーとして採用している例もある。

　また、医療福祉施設のディレクターおよび課長として管理職ポストに就いている場合もある。

　アンケート調査によれば、CESFは社会的支援介入について、85％が個人に対して、50％が集団に対して行っていると答えた。

　CESFが対象とするクライアントについては、カテゴリーを問わない場合が3分の1、身体障害者を対象とする場合が3分の1、孤立した女性を対象とする場合が3分の1、また、家族を対象とする場合が3分の1となっている。総計が100％を超えるのは、同時に複数のカテゴリーを扱う場合がカウントされているからである。

　CESFの介入領域は多種多様で、他職種のソーシャルワーカーに対し補完的でもあるが、介入の軸となるテーマは、「社会的包摂」、「住居」、「環境」、「消費と家計」、「食生活と健康」、「職業的包摂」などである。

CESFに対する様々な呼称──資格と呼称の不一致

　CESFの国家資格はいわゆる「業務独占資格」ではなく、「名称独占資格」である。雇用主は伴走対象となるクライアントのニーズに合った専門性を求めて採用を行う。各職種のソーシャルワーカーに共通した専門性を求めている場合もあれば、CESFに特有の専門性を求める場合もある。

　上述したアンケート調査結果によると、職場のポストと労働協約の内容によって、以下に示す通り、CESFには様々な呼称があることがわかった。

　例えば、CESFと呼ばれる場合もあるが、そのほかには、福祉・教育アシスタント、ソーシャルワーカー、社会的伴走者、地域の福祉促進担当者、指導者、コーディネーター、福祉介入者、教育担当者、司法代理人、福祉アドバイザー、センター長など多数の呼称がある。そのため、実際にはCESFの人数と職場を正確に把握するのは極めて困難な状況

にある。

〔注１〕単位の欧州互換制度導入に関する 2011 年 12 月 5 日の省庁間通達（Circulaire interministérielle du 5 décembre 2011 relative à la mise en crédits européens）。

〔注２〕2017 年 5 月 9 日の省庁間指令（L'instruction interministérielle du 9 mai 2017）は、ソーシャルワークの第三等級の国家資格改革に関するものであり、同時に、ソーシャルワーク国家資格（アシスタン・ソシアル、児童専門エデュケーター、技術専門エデュケーター、エデュケーター、CESF）を 2018 年新学期から学士相当に変更する。

〔注３〕第 2 等級のソーシャルワークの教育養成課程におけるコンピタンス及び知識の共通項に関する 2018 年 8 月 22 日の省令（Arrêté du 22 août 2018 relatif au socle commun de compétences et de connaissances des formations du travail social de niveau Ⅱ）。

文　献

ABALLÉA F., *Les Besoins de santé, essai sur la consommation médicale*, PUF, CTNEHRI, Paris, 1988.

ABALLÉA F., « Sur la notion de professionnalité », *Dossiers pour notre temps*, n° 58, 1991.

ABALLÉA F., « Professionnalité : savoirs et compétences », *Les Métiers de la maîtrise d'oeuvre*, MELT, Paris, 1992.

ABALLÉA F., « La professionnalisation inachevée des assistantes maternelles», *Recherche et prévisions*, n° 80, juin 2005.

ABALLÉA F., BENJAMIN I. et MÉNARD F., *Les Conseillères en économie sociale familiale : inscription professionnelle, activités, compétences et savoirs*, FORS-Recherche sociale/GRIS université de Rouen, 1994.

ABALLÉA F. et MÉNARD F., *Décentralisation et Politique sociale familiale*, CNAF, Paris, 1993.

ABALLÉA F. et SIMON C., *Le Service social du travail : avatars d'une fonction, vicissitudes d'un métier*, L'Harmattan, Paris, 2004.

ANCELIN J., *L'Action sociale familiale et les caisses d'allocations familiales. Un siècle d'histoire*, Comité d'histoire de la sécurité sociale, Paris, 1997.

ANGLERAUD B., « Idées sur la famille, perspectives historiques », *Projet*, n° 239, Paris, 1994.

AVENEL C. et CATHELAIN M.-A., « Enquête sur le travail social des CAF », *Dossier d'études*, n° 115, CNAF, avril 2009.

BARBIER J.-M., *Le Quotidien et son économie*, thèse université Paris 5, 1978.

BENJAMIN I., « Devenir d'une profession et évolution de sa

professionnalité», *Dossiers pour notre temps*, n° 53, 1990.

BENJAMIN I. et MÉNARD F., « Les délégués à la tutelle », *Recherche sociale*, n° 143, Paris, 1997.

BENJAMIN R., « Action sociale, action politique, politique sociale », *Recherche sociale*, n° 64, 1997.

BOLTANSKI L., *Prime éducation et Morale de classe*, Le Seuil, Paris, 1969.

BOURDIEU P., *La « Distinction » : critique sociale du jugement*, Minuit, Paris, 1980.

BRESSON M., *La Psychologisation de l'intervention sociale*, L'Harmattan, Paris, 2006.

CHAMBRETTE O., LAFORE R. et MAYNARD B., *De l'enseignement ménager familial à l'économie sociale familiale : essai d'analyse historique d'une formation*, mémoire de MSSAT, université de Paris 13, 1980.

CHAPOULIE J.-M., « Sur l'analyse des groupes professionnels », *Revue française de sociologie*, n° 14, 1973.

CHOPART J.-N. (dir.), *Les Mutations du travail social*, Dunod, Paris, 2000.

COHEN D., *Richesse du monde, pauvreté des nations*, Flammarion, Paris, 1997.

DUBAR C., *La Socialisation, construction des identités sociales et professionnelles*, Armand Colin, Paris, 1991.

GOODY J., *La Famille en Europe*, Le Seuil, Paris, 2001.

GROCHE M. et MANGEANT D., *Préparer les épreuves du BTS ESF et du DCESF*, éditions ASH, Paris, 2004.

GROULX L., *Le Travail social. Analyse et évolution. Débats et enjeux*, ARC, Québec, 1993.

INSEE, *Les Données sociales 2002-2003 : la société française*, INSEE, Paris, 2002.

ION J. (dir.), *Le Travail social en débat(s)*, La Découverte, Paris, 2005.

ION J. et TRICARD J.-P., *Les Travailleurs sociaux*, La Découverte, Paris, 1998.

MAFFESOLI M., *Le Temps des tribus*, Méridiens-Klincksieck, Paris, 1988.

MALGLAIVE G., *Enseigner à des adultes*, PUF, Paris, 1990.

MALRIC A., *Les Représentations sociales de la fonction de conseiller en économie sociale familiale et leur impact sur la construction identitaire de ce groupe professionnel*, mémoire de DSTS, université de Toulouse-Le Mirail, 1990.

MARQUART F., *L'Action sociale et l'Économie sociale familiale*, Institut national de la formation des adultes, CNAF, Paris, 1974.

MERCHIERS J. et PHARO P., « Éléments pour un modèle sociologique de la compétence d'experts », Sociologie du travail, n ° XXXIV, Dunod, Paris, 1992.

PAUGAM S., *La Société française et ses pauvres*, PUF, Paris, 1993.

PAUGAM S. (dir.), *L'Exclusion, l'état des savoirs*, La Découverte, Paris, 1996.

REMONDIÈRE R., ROUGAGNOU C. et REFALO P., *Conseiller en économie sociale familiale*, éditions ASH, Paris, 2005.

RENAUDAT É., « La transformation des métiers du travail social », *Recherches et prévisions*, n° 63, mai 2001.

RIDDER (DE) G., *Les Nouvelles Frontières de l'intervention sociale*, L'Harmattan, Paris, 1997.

RIDDER (DE) G., TIERRY X. et LEGRAND C., *Nouvelles Questions sociales et Légitimités concurrentielles dans le champ d'action sociale des CAF*, IRTS, Canteleu, 1993.

ROUSSEL L., *La Famille incertaine*, Odile Jacob, Paris, 1989.

SÉGALEN M., *Sociologie de la famille*, Armand Colin, Paris, 2000.

SIGOGNEAU B., *Discours, pratiques et pratiques de formation : essai d'approche de la dynamique d'organisation de la profession de conseiller en économie sociale familiale*, mémoire de DSTS, IESF de Limoges, 1986.

SINGLY (DE) F., *Le Soi, le Couple et la Famille*, Nathan, Paris, 2005 (1996).

THÉRY I., *Recomposer une famille : des rôles et des sentiments*, Textuel, Paris, 1995.

[著者紹介] （原著刊行時）

フランソワ・アバレア（François Aballéa）

社会学者、仏ルーアン大学教授（労働社会学）。
「イノベーションと社会」に関する研究グループを主宰。

フローランス・ブリュネ（Florence Brunet）

社会学者、FORS-Recherche sociale（公共政策アセスメント独立専門機
関）の研究責任者。*Recherche sociale* 誌（FORS が発行する季刊誌）の
編集責任者。

ポリーヌ・ケルチュド（Pauline Kertudo）

社会学者、FORS-Recherche sociale の研究担当者。

[監訳者紹介]

佐藤順子（サトウ ジュンコ）

京都市役所福祉事務所生活保護現業員、児童相談所児童福祉司などを経
て、2000 年より佛教大学福祉教育開発センター（現、専門職キャリアサ
ポートセンター）専任講師。立命館大学文学部哲学科心理学専攻卒業。
主な著書・論文：『フードバンク──世界と日本の困窮者支援と食品ロス
対策』（編著、明石書店、2018 年）、『マイクロクレジットは金融格差を
是正できるか』（編著、ミネルヴァ書房、2016 年）、「フランスにおける
家庭経済ソーシャルワーカーの成立とその養成課程──日本に示唆する
もの」『佛教大学社会福祉学部論集』（第 9 号、2013 年）ほか。

[訳者紹介]

小野あけみ（オノ アケミ）

日仏会議通訳者。ビジネス翻訳多数。
国際基督教大学教養学部フランス文学科卒業。
1982 年よりフランス在住。

困窮者に伴走する

家庭経済ソーシャルワーク
──フランス「社会・家庭経済アドバイザー」の理念と実務

2022 年 7 月 30 日　初版第 1 刷発行

著　者	フランソワ・アバレア
	フローランス・ブリュネ
	ポリーヌ・ケルチュド
監訳者	佐藤　順子
訳　者	小野あけみ

発行者	大江　道雅
発行所	株式会社 明石書店

〒 101-0021　東京都千代田区外神田 6-9-5
電　話　03（5818）1171
FAX　03（5818）1174
振　替　00100-7-24505
https://www.akashi.co.jp

装　丁	明石書店デザイン室
印　刷	株式会社文化カラー印刷
製　本	本間製本株式会社

（定価はカバーに表示してあります）　　　ISBN978-4-7503-5431-6

生活保護審査請求の現状と課題
簡易・迅速・公平な解決をめざして
吉永純著
◎4500円

最低生活保障と社会扶助基準
先進8ヶ国における決定方式と参照目標
山田篤裕、布川日佐史、『貧困研究』編集委員会編
◎3600円

ホームレス状態からの「脱却」に向けた支援
人間関係・自尊感情・「場」の保障
後藤広史著
◎3800円

ホームレスと都市空間
収奪と異化、社会運動、資本国家
林真人著
◎4800円

生活困窮者への伴走型支援
経済的困窮と社会的孤立に対応するトータルサポート
奥田知志、稲月正、垣田裕介、堤圭史郎著
◎2800円

Q&A生活保護手帳の読み方・使い方[第2版]
よくわかる生活保護ガイドブック2
全国公的扶助研究会監修 吉永純、衛藤晃編著
◎1300円

Q&A生活保護ケースワーク 支援の基本
よくわかる生活保護ガイドブック1
全国公的扶助研究会監修 吉永純編著
◎1300円

貧困とはなにか
概念・言説・ポリティクス
ルース・リスター著 松本伊智朗監訳 立木勝訳
◎2400円

福祉政策研究入門 政策評価と指標
②少子高齢化のなかの福祉政策／格差と不利／困難のなかの福祉政策
①少子高齢化のなかの福祉政策
埋橋孝文編著 ◎各3000円

日中韓の貧困政策
理論・歴史・制度分析
五石敬路、ノ・デミョン、王春光編著
◎4500円

韓国福祉国家の挑戦
金成垣著
◎3500円

東アジア都市の社会開発
貧困・分断・排除に立ち向かう包摂型政策と実践
全泓奎、志賀信夫編著
◎3000円

子どもの貧困と地域の連携・協働
〈学校とのつながり〉から考える支援
吉住隆弘、川口洋誉、鈴木晶子編著
◎2700円

子ども支援とSDGs
現場からの実証分析と提言
五石敬路編著
◎2500円

子どもの貧困調査
子どもの生活に関する実態調査から見えてきたもの
山野則子編著
◎2800円

二極化する若者と自立支援
「若者問題」への接近
宮本みち子、小杉礼子編著
◎1800円

〈価格は本体価格です〉

貧困研究

『貧困研究』編集委員会【編集】

B5判／並製／本体価格 各1800円＋税

【年2回刊行】

編集長　阿部 彩

編集委員　岩永理恵　垣田裕介　斉藤雅茂　佐々木宏　嶋田佳広　丸山里美

日本における貧困研究の深化・発展、国内外の研究者の交流、そして貧困問題を様々な人々に認識してもらうことを目的として2007年12月に発足した貧困研究会を母体に発刊された、日本初の貧困研究専門誌。

〈価格は本体価格です〉

生活困窮と金融排除

生活相談・貸付事業と家計改善の可能性

小関隆志 編著

■A5判／上製／216頁 ◎2700円

日本の生活困窮者が適切な金融サービスを利用できない「金融排除」の問題を、家計を調べる「ファイナンシャル・ダイアリー調査」・インタビュー調査で探るとともに、困窮者への家計相談・貸付事業など現場の取り組みを紹介し、貧困研究に新たな視点を導入する。

伴走支援システム

生活困窮者の自立と参加包摂型の地域づくりに向けて

稲月正 著

■A5判／上製／288頁 ◎3600円

生活困窮者と地域社会をつなげる「伴走支援システム」の理念や仕組みを、奥田知志〈NPO法人 抱樸〉の実践・論考等に依拠して整理し、その効果と課題を調査結果を元に明らかにし、福祉多元社会におけるNPO〈協セクター〉の意義について考察する。

〈価格は本体価格です〉

フードバンク
FOOD BANK
世界と日本の困窮者支援と食品ロス対策

佐藤順子［編著］

◎A5判／上製／200頁　◎2,500円

日本でも急速に増えているフードバンクは、「食品ロス削減」の観点から、近年では食料困難経験者に対する食料支援を目的とする活動にシフトしてきている。アメリカ、フランス、韓国等海外の先行事例との実証的な国際比較をもとにした、本邦初の研究書。

〈価格は本体価格です〉